SOS:
adolescentes
en casa

Edith Tartar Gaddet

SOS: adolescentes en casa

· MARABOUT ·

Dirección editorial
Núria Lucena
Coordinación editorial
Jordi Induráin
Edición
Laura del Barrio y Emili López
Traducción
Dommo Serveis
Ilustración
Jaume Bosch
Realización y preimpresión
Digital Screen
Diseño de portada
Ediciones Larousse, S.A. de C.V. con la colaboración
de David Jiménez Minero
Fotografías portada
© AbleStock

© MM Editions RETZ/HER, París, Francia
© MMIV Larousse
© MMV SPES EDITORIAL, S.L.
D.R. © MMVI Ediciones Larousse, S.A. de C.V.
            Londres núm. 247, México 06600, D.F.

Título original de la obra: *Savoir communiquer avec les adolescents*
Publicado por Editions Retz, París.

ISBN 84-8332-708-2 (SPES EDITORIAL, S.L.)
ISBN 970-22-1426-2 (Ediciones Larousse, S.A. de C.V.)

PRIMERA EDICIÓN

índice

INTRODUCCIÓN

La adolescencia es un período de la vida extremadamente fecundo e intenso que deja una huella más o menos duradera en la existencia de quienes la atraviesan. Se caracteriza por los cambios profundos que provoca. Implica, mediante un esfuerzo a menudo largo y lento, la construcción de una personalidad cada vez más singular y única. Pero la adolescencia también es la imagen cultural ambivalente que nos llega a través de los reportajes, las conversaciones y las experiencias, tal como las articulan los medios de comunicación, los especialistas o los testimonios que nos ofrecen.

Así pues, la idea que tenemos acerca de los adolescentes de hoy es el resultado de un conjunto de impresiones personales, recuerdos y representaciones sociales que a veces entran en conflicto entre ellas. Estas diferentes imágenes producen cambios de mentalidad y de tendencias, pero también tensiones y contradicciones. Por ejemplo, aunque los sectores económicos y jurídicos presentan al adolescente como una persona autónoma, con derechos, y capaz de ocuparse de sus necesidades concretas, el marco familiar y escolar deja al adolescente en una situación en la que continúa dependiendo de otras personas. Tan pronto se insiste en que los adolescentes deben ceñirse a las limitaciones sociales, como se afirma la necesidad de dejarlos alcanzar el pleno desarrollo personal con libertad.

Tan opuestos puntos de vista se mezclan entre sí, y en algunas ocasiones actúan sobre nosotros determinando en gran medida nuestra conducta cotidiana con respecto a los adolescentes. Otras veces alimentan clichés y estereotipos, más ficticios que reales, y en ese caso pueden perturbar de forma ocasional o duradera las comunicaciones entre jóvenes y adultos. A estas dificultades cabe añadir las derivadas de las propias maneras que tienen los adolescentes de comunicarse con sus padres, educadores o cualquier otra persona que trate con ellos.

Tales formas de comunicación pueden variar de un joven a otro o de un grupo de jóvenes a otro. Pueden sorprender, molestar e incluso chocar a los adultos y alterar la calidad y la cantidad de los intercambios que se establezcan con ellos. La comprensión de los mensajes que emiten unos y otros sufre entonces alteraciones. Las disfunciones ocasionales de esos intercambios inquietan especialmente a los adultos cuando tienen la impresión de que los jóvenes no los entienden, sobre todo cuando intentan transmitirles mensajes educativos.

Por ello, este libro trata paso a paso, y mediante varios retratos de adolescentes típicos, las innumerables facetas que presenta la comunicación con ellos, que suele ser fluctuante y estar regida por reglas particulares. Asimismo, este libro propone a los lectores un abanico bastante amplio de actitudes y pautas que pueden tratar de desarrollar con los adolescentes por más exageradas, provocadoras u hostiles que sean en principio sus reacciones.

En la primera parte de este libro se abordan las condiciones necesarias para que la comunicación entre jóvenes y adultos sea posible y satisfactoria. Y puede llegar a serlo, siempre que aprendamos a dar puntos de referencia y a interiorizar actitudes y conductas que faciliten que los adolescentes estén atentos y nos escuchen.

En la segunda parte se relatan situaciones durante las cuales los adolescentes tienen comportamientos que cansan o ponen nerviosos a los adultos, especialmente cuando estas acciones se repiten a diario. Examinamos estas situaciones no sólo para comprenderlas, sino también para saber lo que normalmente esperan los adolescentes de los adultos, aunque sea de forma inconsciente. Igual que en la primera parte, en ésta se propone un repertorio de actitudes y conductas que permitirán transmitir a los adolescentes los mensajes educativos que nos gustaría que comprendiesen. Se trata de mensajes que ayudarán a los jóvenes a comportarse de una manera socialmente más adaptada.

Por último, la tercera parte del libro está dedicada a la comunicación con adolescentes que presentan, en un momento dado (cualquier adolescente puede encontrarse en esta situación), dificultades psicológicas o sociales que pueden perturbar su evolución y su comunicación con los demás. A los diferentes interlocutores de los jóvenes que sufren corresponde el diagnóstico precoz de estos problemas, dado que el joven y su familia buscarán la ayuda necesaria en función, precisamente, de la comunicación que estos interlocutores hayan conseguido establecer con los adolescentes.

establecer una buena comunicación

COMUNICARSE ES POSIBLE, PERO...

1

Un elevado porcentaje de padres, abuelos y educadores disfruta puntualmente, y durante períodos más o menos largos, de una comunicación apreciable y de calidad con uno o más adolescentes. Paralelamente, muchos adolescentes están bastante satisfechos de la calidad de las relaciones que establecen con sus padres o educadores, unas relaciones que facilitan los intercambios entre ellos.

EJEMPLO: ALEJANDRO TIENE BUENA COMUNICACIÓN CON SUS PADRES

Alejandro (17 años): «Puedo hablar con mis padres de todos los temas que me interesan. Siento que me escuchan. Algunas veces, incluso tengo la impresión de enseñarles algo. En esas ocasiones, parecen interesados por comprender lo que desconocen y me hacen preguntas. Nunca se han reído de mí y sin embargo, en algunos temas, recuerdo que he expresado opiniones que ahora me parecen ridículas...» ■

Si están basados en relaciones atentas y respetuosas, estos tipos de contactos son interesantes y enriquecedores, y pueden durar breves instantes o largos momentos. Además, es posible que sean agradables e, incluso, emocionantes en ocasiones. Constituyen los buenos recuerdos que se podrán contar cuando la «tormenta» haya pasado puesto que, en cualquier momento y sin previo aviso, un adolescente puede rechazar o romper brutalmente la comunicación con su interlocutor poniendo mala cara, siendo hostil, provocador, indiferente, terco, marchándose de manera repentina o encerrándose en sí mismo.

LA COMUNICACIÓN SATISFACTORIA

En el marco familiar y escolar, los intercambios que mantienen entre sí adultos y adolescentes se guían por la espontaneidad natural de unos y otros. Cada uno se comunica de manera intuitiva, «como puede», en función de la sensibilidad personal, el carácter, el humor, la disponibilidad del momento, las **representaciones**◆ de la categoría a la que el otro pertenece (adolescencia, edad adulta, etc.), las expectativas que tiene de él y su relación previa con el otro. La apreciación cualitativa de este tipo de comunicación, que no se rige por reglas concretas a las que los interlocutores se puedan aferrar para evaluar la eficacia de sus intercambios, es más bien subjetiva. Además, las actitudes anteriores o emociones y las reacciones que aparecen durante la comunicación, pueden modificar el curso de la conversación sin que los interlocutores se den cuenta inmediatamente.

EJEMPLO: JULIA Y SUS PADRES TIENEN IMPRESIONES DIFERENTES ACERCA DE SU COMUNICACIÓN

«Escucha —dice la señora B., abuela de **Julia**, a su hija y a su yerno—, Julia me ha dicho que no puede hablar con ustedes. Que no le prestan atención ni a ella ni a lo que les cuenta.» La madre de Julia, sorprendida por esta revelación, le contesta: «Pero, es increíble, ayer mismo tuvimos una larga conversación sobre lo que quería hacer después y le dimos, uno y otro, toda la información que nos pidió.» Y el padre añade: «Por mi parte, tengo la impresión de que me comunico bien con mi hija.» ■

Así pues, adultos y adolescentes pueden tener impresiones diferentes sobre una misma comunicación, incluso opuestas, que pueden dificultar el curso de los intercambios futuros. Sin duda, es posible mejorar esta situación tomando el tiempo necesario para preguntarse a uno mismo, y luego cuestionarse mutuamente adultos y jóvenes, sobre la calidad de comunicación y de escucha recíproca. Para que sea provechosa, esta conversación no debe convertirse en un interrogatorio, ni culpabilizar a nadie, sino que debe hacerse en un ambiente de tranquilidad, atención, interés hacia el otro, escucha y respeto mutuo.

Las reglas de la comunicación eficaz

La comunicación verbal entre un padre y su hijo adolescente es de calidad cuando el adolescente parece que ha escuchado, comprendido e integrado el mensaje del padre, pero sus efectos no tienen por qué ser patentes de inmediato. Al contrario, un adolescente tiene la impresión de comunicarse bien con sus padres cuando ha captado su atención, despierta su interés por lo que él dice o hace, y modifica sus actitudes y conducta hacia él, cuando obtiene de ellos lo que les ha pedido verbalmente.

Pero los intercambios entre un padre y su hijo adolescente, o entre un educador y su alumno, no se basan sólo en la comprensión y la puesta en práctica del mensaje emitido por el adulto. Hay muchas variables que participan en su eficacia. La relación anterior entre el adulto y el joven, y las representaciones personales y sociales que tiene uno respecto al otro pueden interferir de manera particular en el resultado que desea el adulto.

Si está en conflicto con el joven, la comunicación con éste podrá quedar perturbada.

Al contrario, si el adolescente aprecia al adulto, intentará (o podrá) estar psíquicamente disponible para escuchar y utilizar el mensaje que su padre o educador intenta transmitirle.

La comunicación es satisfactoria entre un padre y un adolescente cuando el adulto no se interesa sólo por lo que desea conseguir, sino que se muestra preocupado por el contexto de la relación, el modo en el que se dirigirá al joven, y el efecto y las consecuencias que su mensaje producen en su interlocutor.

EJEMPLO: SEBASTIÁN NO TIENE SIEMPRE BUENA DISPOSICIÓN PARA COMUNICARSE

Cuando la madre de **Sebastián** le pide que ponga la mesa para cenar, las respuestas del joven varían según el momento. Responde o no responde verbalmente. A veces lo hace argumentando un retraso: «¡Dentro de 5 minutos, estoy acabando un ejercicio!» Sebastián comunica «no verbalmente» su desacuerdo. ■

• La comunicación no verbal envuelve todo lo que se expresa de forma corporal. Incluye los modos utilizados para transmitir el mensaje verbal (timbre de la voz, caudal verbal, etc.), los modos de transmitir las emociones que se experimentan durante los intercambios, las actitudes (modo de mirar al receptor, posición del cuerpo, gestos, etc.).

Este adolescente de 15 años escucha e integra las informaciones que su madre le comunica y responde a sus expectativas. Ella intenta hablar con cuidado o formular la petición a su hijo en forma interrogativa, de manera tranquila y agradable. Al formular una pregunta, permite todas las respuestas posibles y da a Sebastián la libertad de responder con una negativa, respuesta que la madre sabe comprender. El joven no es un adolescente que obedece inmediatamente a las peticiones de su madre. Puede introducir en la respuesta una nueva información que su madre ha aprendido a tolerar. Esta petición de espera le permite controlar interiormente el sentimiento de dependencia que puede sentir hacia ella cuando tiene la impresión de que le está dando órdenes.

DEFINICIÓN

REGLAS GENERALES DE LA COMUNICACIÓN EFICAZ

- Los mensajes entre el emisor y el receptor se basan en las **informaciones contenidas en el mensaje verbal.**
  - Cada uno adapta su mensaje para que se entienda y el otro lo ponga en práctica. Cada uno tiene en cuenta y se adapta al mensaje del otro. Cada uno está atento, en especial, al modo en que su interlocutor puede entender su mensaje, decodificarlo, comprenderlo e interpretarlo.
  - Los mensajes verbales contienen un número limitado de informaciones. El adulto se esfuerza porque sean comprensibles y claras. Se construyen siguiendo las reglas normales de la sintaxis.
  - Tienen en cuenta componentes de la **comunicación no verbal•**.
  - El emisor está atento a no contradecir sus palabras con la mirada, la voz, la actitud, etc.
  - No se deja desbordar por las emociones que siente. No se refugia en un discurso demasiado general y abstracto. Ilustra sus ideas con ejemplos para que el adolescente entienda rápidamente lo que su interlocutor quiere decirle.
  - Los objetivos de la comunicación han sido definidos previamente por el emisor —que se esfuerza, en la medida de lo posible, por hacerlos explícitos a su interlocutor— y guían los intercambios.
- Las otras comunicaciones (modo de expresarse, entonaciones, gestos, emociones, reacciones, actitudes, etc.) se canalizan interiormente y cada uno las controla para que no perturben los intercambios verbales.

La comunicación eficaz es puntual

Todos los adolescentes tienen la capacidad de relacionarse con los adultos siguiendo las reglas mencionadas en el cuadro superior. Cuando utilizan esta competencia, se comportan de un modo socialmente maduro y se comunican de manera satisfactoria con los otros. Fuera de estos períodos, más o menos largos, el joven ya no se comporta como un niño, ni todavía como un adulto, sino como un adolescente.

EJEMPLO: MARTA ES VOLUBLE EN LA FORMA DE COMUNICARSE CON SU MADRE

La madre de **Marta** constata que la calidad de comunicación con su hija varía sin cesar. La joven puede ser hostil y muda o voluble y agradable. Puede ignorar a su madre al pasar a su lado o, al contrario, besarla repentinamente en un alarde de espontánea ternura. Marta también puede negarse a responder a las preguntas de su madre diciéndole de una manera agresiva: «¡Eso no te importa!» O venir por su propio pie, unas horas más tarde, a hablarle de cosas muy personales sin que su madre le haya pedido nada. ∎

La madre de Marta, como otros padres, se sorprende por la variabilidad de las reacciones de su hija, que van de un extremo a otro, de un momento a otro. Estos cambios de actitud y de humor, incomprensibles para los interlocutores no versados, preocupan a los adultos pero también a menudo a los mismos adolescentes. Además, perturba el intercambio posterior, pues los padres pueden estar preguntándose todavía el motivo de la cólera repentina de su hija cuando ella se presenta ante ellos sonriente, tranquila y dispuesta a hablar.

Por ello no es sorprendente que los adultos estén, con mayor o menor frecuencia, nerviosos, cansados, sorprendidos, desestabilizados y desarmados cuando están en contacto con los adolescentes, ya que este período de la vida origina crisis, rupturas, revoluciones externas e internas, y a veces es difícil de superar tanto por parte de los jóvenes como también por parte de quienes tratan con ellos.

Este momento es angustioso y a veces desestabilizador para los jóvenes, pues se descubren diferentes y no se reconocen en sus nuevas actitudes y conductas. Les invaden emociones, sentimientos, deseos y también ideas exageradas que a veces los sorprenden y que sólo aprenden a asimilar muy progresivamente. Al principio de la adolescencia, quieren satisfacer todas sus **pulsiones**◆ y todos sus **deseos**◆. Su mundo interno se transforma en un lugar de **conflictos**◆ difíciles de controlar. Se protegen de ello gracias a múltiples **mecanismos de de-**

◆ *Las pulsiones son fuerzas irreprimibles que tienen su origen en el organismo y que buscan un modo de satisfacción inmediato. La pulsión provoca una sensación de tensión que desaparece al satisfacer la pulsión. Algunas pulsiones están al servicio de la autoconservación. Otras son destructoras.*

◆ *El deseo es la expresión de la pulsión. El deseo se formula, se dice. Tiene en cuenta al otro, mientras que la pulsión reduce al otro a la necesidad que tenemos de él.*

◆ *El conflicto psíquico interno opone exigencias contrarias que entran en lucha. Puede revelarse a través de los sentimientos de culpabilidad, de vergüenza o emociones contradictorias.*

fensa♦. En el ejemplo anterior, Marta utiliza la **escisión**♦ o la ley del «todo o nada». Se protege, gracias a esta defensa, de los sentimientos y las ideas contradictorias que siente.

Estas situaciones son difíciles para los padres, los educadores, los abuelos, etc., pues corren el riesgo de dejarse vencer por estas reacciones y estas emociones exageradas, en concreto cuando están cargadas de ansiedad o agresividad. Espontáneamente, tenemos tendencia a dejarnos invadir más o menos por la angustia o la cólera que una persona siente o expresa ante nosotros. De este modo, las reacciones agresivas o ansiosas de un adolescente pueden despertar como respuesta, en los interlocutores, una reacción de agresividad o de ansiedad, a veces sin que se den cuenta de ello. Será necesario que hagan un verdadero trabajo para ser conscientes de ello y superar esta reacción natural.

Si los adultos aprenden a no dejarse impresionar por las actitudes, las emociones y las conductas exageradas de los adolescentes (críticas,

CONSEJOS

Cuando un adolescente tiene reacciones exageradas, inesperadas o cambia repentinamente de actitud o de conducta con respecto a usted:

1. Observe sus propias reacciones (gestos, emociones que experimenta, palabras) y sus efectos sobre usted y sobre el adolescente.

Después del contacto, fíjese en el «primer momento»: los comportamientos o las palabras del adolescente que producen en usted nerviosismo, cólera, fatiga, incomprensión, etc.

Luego intente percibir y controlar esas reacciones desde el momento en que el adolescente le pone en situación de alerta.

2. Suavice sus reacciones:
- Haciendo ejercicios de relajación, respirando y hablando más lentamente.
- Captando al vuelo los pensamientos automáticos[1] que llegan a su mente en ese momento. Al sacarlos a la luz, dispondrá de los medios para controlar sus reacciones.
- Preguntándose sobre la conducta que debe adoptar.

---

1. Los pensamientos automáticos aparecen como las estrellas fugaces. Atraviesan rápidamente la mente y rápidamente se olvidan. Pero permanecen activos y determinan nuestras actitudes y conductas posteriores.

contradicciones, insultos, mala educación, exigencias, etc.), mostrarán a los jóvenes una imagen de padre o de educador diferente de ellos, capaz de tolerarlos tal como son y de controlar sus propias reacciones. En ese caso, los adultos serán capaces de controlar la comunicación con los adolescentes, ponerles límites y prohibiciones sin el menor problema y aumentar su credibilidad ante ellos.

La ausencia de dificultades de comunicación

Algunos padres se muestran globalmente satisfechos de las relaciones con sus hijos adolescentes. No formulan quejas ni críticas, pues éstos se comportan de acuerdo con lo que esperan de ellos.

EJEMPLO: EL PADRE DE JULIO CONTROLA BIEN LA COMUNICACIÓN CON SU HIJO

El padre de **Julio** (15 años) se sorprende mucho al escuchar a uno de sus compañeros de oficina quejarse de su hija, de la misma edad, que cada vez pide más libertad y no siempre respeta las prohibiciones que sus padres le imponen. Julio no causa este tipo de problemas a sus padres.

Sigue siendo el chico tranquilo, afectuoso, servicial, obediente y estudioso de siempre. ∎

EJEMPLO: CLARA SE ENTIENDE BIEN CON SU MADRE

Clara (16 años) siempre pide la opinión de su madre antes de actuar, y sigue los consejos maternales. Cuando habla con alguien en su presencia, la busca con la mirada para obtener su consentimiento. Varias veces ha rechazado invitaciones de sus amigos para quedarse con sus padres. ∎

Julio y Clara parece que todavía no se han atrevido a entrar en la adolescencia y siguen comportándose, con respecto a sus padres y educadores, como niños.

Así ocurre durante el largo **período de latencia**✦, en que los padres siguen proporcionando seguridad a sus hijos al protegerlos de sus conflictos internos. En esa fase, los niños se **reprimen**✦. De este modo, la infancia puede ser un período de gran calma en el plano psíquico, mientras que la adolescencia puede serlo de crisis, de ruptura, de revolución más o menos intensa. Es un momento natural de transformación psíquica, vinculada a numerosos cambios fisiológicos, físicos, psicológicos y sociológicos que atraviesa cada joven. El adolescente accede poco a poco a la sexualidad genital. Su cuerpo se transforma

✦ El período de latencia empieza hacia los 6 años y dura hasta la pubertad. Es una etapa relativamente tranquila, poco conflictiva internamente, durante la cual el niño se inserta en su medio social y desarrolla el conjunto de sus capacidades.
✦ Represión: proceso dinámico que consiste en rechazar o mantener fuera de la conciencia lo que no se quiere saber (comparable a un proceso de huida).

en adulto. Su psiquismo es objeto de una profunda transformación. Se aleja de sus padres. Se individualiza y encuentra progresivamente su lugar entre los demás. Toma simbólicamente el lugar de alguien. En palabras de Alain Braconnier y Caniel Marcelli: «Crecer es por naturaleza un acto agresivo [...]. Con más o menos tiempo, la clase de edad de los adolescentes ocupará el lugar de la clase de edad precedente.»

Julio y Clara, sin duda asustados por lo que representa la adolescencia, todavía no se sienten preparados para dar la espalda a su infancia e introducirse en un mundo nuevo que no saben aún cómo es. Siguen dependiendo de sus padres, que les sirven de protección frente a su mundo interior y exterior.

Todavía necesitan a sus padres para saber quiénes son, puesto que no se atreven a correr el riesgo de representarse a ellos mismos, verse a sí mismos y perder, en definitiva, los apoyos que suponen para ellos sus padres.

Los padres tal vez continúan percibiendo a Julio y a Clara como niños. Niños a los que ellos admiran porque hacen realidad los proyectos que sus padres habían concebido para ellos.

Así pues, Julio y Clara, sin atreverse a desagradarles, no corren el riesgo de distanciarse de sus padres y convertirse en adolescentes más autónomos. Sin embargo, poco a poco dejarán el período de latencia y pasarán a la edad adulta.

¿PARA QUÉ SIRVE LA COMUNICACIÓN?

La adolescencia es un período particularmente fecundo, un momento único en la vida, durante el que cada joven desarrolla nuevas potencialidades. El pensamiento le ofrece en esa etapa la posibilidad de razonar de un modo más vasto. Gracias al lenguaje, al intercambio comunicativo con los demás y a la reflexión personal, podrá percibir y asumir las numerosas modificaciones corporales, afectivas y relacionales que le afectan.

Moldear los cambios a través de la charla

Durante una conversación con amigos, seguro que alguna vez nos hemos sorprendido por las palabras que nosotros mismos acabamos de pronunciar, de tal manera que nos hemos dicho para nuestros adentros: «¡Vaya, no sabía yo que pensara eso!»

Muy a menudo, los adolescentes se encuentran en esta situación. Descubren lo que piensan a medida que lo dicen. Hablar les permite, pues, escucharse y conocerse a ellos mismos; y apropiarse, para más tarde integrar estas opiniones, de reacciones y sentimientos de los que toman conciencia de repente.

EJEMPLO: LOS JÓVENES APRENDEN, EVOLUCIONAN Y SE AFIRMAN CON SUS CONVERSACIONES

Cuatro jóvenes se encuentran cada día al salir de la escuela y se reúnen en un bar donde pueden hablar horas enteras sin que nadie los moleste. Ninguno de ellos falta nunca a estas interminables conversaciones sobre los temas más diversos, en los que cada uno, bajo la atenta mirada y escucha de los demás, expresa sus ideas, impresiones, convicciones, conocimientos y emociones. Corroborando, preguntado y discutiendo, aprenden, a través de la conversación, a hacer que su pensamiento evolucione en la medida en que lo aguzan y lo modifican. ■

Si hablar permite conocerse, descubrirse a uno mismo, aprender a pensar y elaborar los proyectos futuros, no está de más proponer a los adolescentes momentos de conversación durante los cuales los adultos podrán apoyar este trabajo verbal sin manifestar reacciones encendidas o juicios demasiado rápidos.

EJEMPLO: ANA DISCREPA DE LOS PLANES FUTUROS DE SU HERMANA MENOR

Ana (25 años), escucha a Emilia, su hermana de 16, que le explica sus proyectos futuros. Ana manifiesta rápidamente la irritación que le causan esos proyectos, pues le parecen inadecuados. Al final, le dice: «¡Cállate! Estás diciendo tonterías.» Emilia, herida y furiosa a su vez, insulta a su hermana y se marcha con lágrimas en los ojos a encerrarse en su habitación. Ana, con sus prejuicios, ha coartado la libertad de expresarse de Emilia. ■

Ana ya se ha olvidado de las ideas exageradas que expresaba durante su propia adolescencia. Eran ideas que modificaba después de conversar con la gente que la rodeaba. Al impedir que Emilia se exprese libremente, Ana ha negado momentáneamente a su hermana la posibilidad de descubrir lo que piensa, de construirse una imagen de ella misma, de elaborar ideas y proyectos matizados y adaptados a sus posibilidades y a las exigencias de la sociedad.

Durante el transcurso de la adolescencia, que tiene etapas sucesivas, cada adolescente se crea una nueva identidad totalmente personal que lo singulariza de los miembros de su familia. Esta imagen psicológica, que cada adolescente elabora poco a poco, se basa en lo que los padres le han transmitido. Integra y añade elementos suplementarios a través de las nuevas **identificaciones**✦ que realiza al multiplicar los encuentros y los intercambios fuera de su entorno familiar. Observa o experimenta así nuevos modos de vivir y de pensar. De este modo amplía su abanico de posibilidades para formarse un ideal de vida futura que incluya sus diferentes proyectos, sus propios criterios, sus ideales y sus referencias personales. Además, el diálogo ayuda a los adolescentes a individualizarse al contribuir a que se formen sus propios pensamientos e identifiquen sus problemas personales.

✦ La identificación es un proceso, normalmente inconsciente, utilizado desde la primera infancia, que consiste en adoptar aspectos, actitudes, conductas, etc., procedentes de una o varias personas, para integrarlas en su personalidad después de haberlas transformado.

✦ Los lazos simbólicos son vínculos invisibles porque están tejidos por la palabra y el trato con los demás. Se basan en las relaciones entabladas a lo largo del tiempo.

Crear lazos simbólicos

Estos **lazos**✦ permiten que los interlocutores se sientan próximos aunque estén físicamente separados y mantengan relaciones entre ellos a pesar de la distancia. A través de la comunicación verbal, aunque a veces también de la no verbal, los adolescentes entran en contacto con sus padres y sus educadores sin confundirse con ellos. Al principio de la adolescencia, cuando los jóvenes tienden a evitar el contacto físico con sus padres, los intercambios verbales son los que mantienen ese necesario lazo simbólico con sus progenitores.

El adolescente busca al adulto, la interacción con él. La palabra permite este contacto, que puede llegar a ser conflictivo porque el joven puede estar alternativamente provocador, manipulador, seductor, agresivo o irónico.

EJEMPLO: TOMÁS BUSCA LA INTERACCIÓN CON SU PADRE

«No comprendo nada, dice la madre de **Tomás** (16 años), mi hijo busca constantemente ocasiones para iniciar una conversación con su padre. Siempre quiere hablar pero nunca está de acuerdo con él. En lugar de abandonar la discusión, siguen hablando sin cesar y sube el tono entre los dos.» ■

Tomás utiliza la palabra para entrar en contacto con su padre, incluso cuando no está de acuerdo con él. Cuando el padre ha comprendido el sentido de estas conversaciones interminables, puede aceptar comunicarse de este modo con su hijo estableciendo límites simbólicos que no se pueden franquear. Así pues, no se dejará contagiar por la agresividad de Tomás ni se pondrá nervioso por este tipo de comunicación. Podrá lograr que su hijo descubra progresivamente las reglas que subyacen en la comunicación entre las personas y enseñarle a dominar su agresividad. Estos límites se establecen *a priori* y evolucionan con el tiempo. Son válidos para los interlocutores presentes. Responden a las preguntas: «¿Qué se puede tolerar por parte de uno y de otro para poder hablarse? ¿Es necesario aceptar la relación de fuerza, los insultos, las amenazas, las actitudes de menosprecio...?»

La palabra permite que el adolescente se separe de los demás, se diferencie, pero al mismo tiempo proporciona un sentimiento de pertenencia al grupo. A través de la palabra le es posible, comunicándose con los demás, reafirmar sus diferencias sin tener necesidad de imponerse físicamente.

CONSEJOS

Cuando un adolescente busca la comunicación verbal con usted, intente estar disponible psíquicamente, otorgando una atención especial a los siguientes puntos:

1. Escúchele con atención y buena predisposición. Haga un esfuerzo si es necesario. Déjele hablar. Quizá el adolescente está pensando en voz alta, y sólo espera de usted un simple acompañamiento, desea comprenderse y que le comprendan antes que ser guiado.

2. Limite sus reacciones no verbales (entonaciones, actitudes, miradas) pues el adolescente le está mirando y puede dejar de hablar si percibe en su rostro una gran sorpresa, nerviosismo o desinterés.

3. No juzgue ni demasiado rápido ni demasiado alegremente lo que dice. No se ría de él. En especial si expresa algunas ideas que no se corresponden con sus opiniones, su sistema de valores o que le parecen ridículas.

4. Si le pide su opinión, no aproveche para soltar un gran discurso. Exprese su opinión de manera matizada.

5. No le obligue a compartir inmediatamente su punto de vista. Deje que el tiempo actúe. No otorgue una gravedad excesiva a sus ideas y convicciones actuales, pues evolucionarán gracias a la comunicación verbal que establecerá con otras personas cercanas a él.

¡UNA BUENA COMUNICACIÓN TAMBIÉN DEPENDE DE USTED!

Cualquier conversación entre dos o más personas tiene como objetivo hacerles reaccionar y adaptarse a los diferentes mensajes verbales, y no verbales, que se emiten sucesivamente. Cuando un adulto se comunica con un adolescente, antes de establecer el diálogo es posible que tenga esperanzas concretas respecto al joven o bien prejuicios favorables o desfavorables, o que adopte él mismo actitudes exageradas hacia el adolescente. Estos diferentes factores pueden parasitar y perturbar en cualquier momento los intercambios dado que producen tensiones, inquietud y cuestiones que quedan momentáneamente sin respuesta.

Las expectativas de padres y educadores

Los adultos suelen apreciar a los adolescentes que establecen relaciones estables con los demás y que se comunican de una manera socializada y madura. Aunque el aspecto físico de estos jóvenes no sea el de un adulto, los padres y los educadores esperan reacciones «de adultos» tranquilas, medidas y responsables. Desean ver que aceptan cierto número de costumbres y reglas (especialmente las de la comunicación). Querrían que fueran capaces de escuchar, comprender y adaptarse a los argumentos de sus educadores.

Sin embargo, algunos adolescentes no se comportan de acuerdo con estas expectativas. No tienen en cuenta las reglas sociales y las conversaciones educativas cuyo objetivo es protegerlos y adaptarlos a la sociedad.

Aunque, intelectualmente, el adolescente puede comprender lo que formulan los adultos que lo rodean, captar perfectamente el carácter preventivo contenido en los consejos parentales en materia de higiene, alimentación o ritmo de vigilia-sueño, y comprender las exigencias escolares de sus educadores así como integrar las amonestaciones del juez que lo recibe en su oficina, actuará de mejor grado cuando esté solo o con amigos, de acuerdo con sus pulsiones y deseos. Y el adulto no comprenderá esta diferencia entre lo que el adolescente podría hacer y lo que hace.

Los padres y los educadores suelen sorprenderse de que el discurso de la razón tenga, de momento, un efecto tan poco inmediato en el joven. Les da la sensación de que han perdido el tiempo o se desestabilizan profundamente. También pueden sentirse incómodos o culpables por no haber logrado lo que otros (padres, educadores, profesores) parece que consiguen llevar a cabo con éxito. «Con el pretexto de considerar al niño como una persona capaz de razonar, ha escrito Brigitte Cadéac, los padres olvidan su estado de niño.

Resultado: cuando su hijo o hija se niega a ir a la escuela, son incapaces de obligarles. Y lo que es peor, se culpabilizan y piden cita al psiquiatra.»[1]

El sueño del adolescente ideal

Los padres y educadores suelen construirse una imagen idealizada del adolescente. Sobre esta imagen, proyectan las aspiraciones, los deseos, las representaciones mentales de ese adolescente o de los adolescentes en general y elaboran el perfil del adolescente tal como lo sueñan. Esperan que los adolescentes conduzcan su vida de acuerdo con ese ideal.

No obstante, en la vida cotidiana los adolescentes no siempre se parecen a esta imagen. Entonces se produce una diferencia, una distancia entre el adolescente tal y como lo imaginan sus padres o educadores y el adolescente tal como es.

Si hemos respondido afirmativamente a estas preguntas es porque tenemos tendencia a recurrir a un modelo de adolescente ideal para percibir y apreciar al adolescente que tenemos ante los ojos. Así, formulamos quejas o expresamos numerosas críticas a este adolescente si sus acti-

---

1. Brigitte Cedéac: *Famille et Éducation*, marzo-abril 1996.

CÓMO DETECTAR QUE SE TIENE UNA IMAGEN IDEAL DE LA ADOLESCENCIA

Observe sus reacciones emocionales, gestos y palabras ante un adolescente.

1. ¿Experimenta nerviosismo, cansancio o indiferencia hacia él: «No puedo soportarlo más...», «No me merezco a este alumno...», «No me importa...»?
2. ¿Suele no comprenderlo, hacerle críticas, quejarse de él a otras personas?

tudes y conductas difieren del modelo que tenemos en mente. Esta diferencia, esta distancia, produce tensiones, incomprensión, desconcierto; alimenta nuestras diferentes apreciaciones negativas e infravaloradoras de ese adolescente.

Por el contrario, pronunciamos bastante poco estas frases cuando no tenemos expectativas idealizadas con respecto al adolescente, o cuando se comporta de una manera socialmente adaptada y madura próxima al modelo del adolescente ideal, signo de que ese joven es capaz de asimilar interiormente sus problemas psicológicos sin manifestarlos exteriormente.

Por tanto, debemos tolerar, en cierta medida, esta diferencia y someter esta imagen idealizada del adolescente o del alumno que desearíamos tener a un **proceso de duelo**◆.

Un duelo necesario puesto que la imagen ideal del adolescente es una construcción totalmente ilusoria, a menudo calcada de la imagen que nos hacemos del adulto ideal. No obstante, el adolescente todavía no es adulto psicológicamente, al menos al principio de la adolescencia, pero las representaciones sociales articuladas desde hace décadas llevan a los adultos (padres, educadores y profesores) a percibirlo como si fuera un adulto, a olvidar la diferencia intergeneracional y los roles de acompañamiento, apoyo, protección, educación y transmisión que les incumben.

◆ *El proceso de duelo no se refiere aquí a las reacciones relacionadas con la pérdida de una persona querida, sino a los procesos correspondientes a la pérdida de una representación, de una imagen a la que se estaba unido. Como en el proceso de duelo, hay que desprenderse progresivamente de las representaciones interiorizadas para incorporar otras imágenes, otros objetos...*

El adulto vuelve a su propia adolescencia

El adolescente reaviva, mediante sus actos y su palabra, la adolescencia de sus padres. Y ellos, que conviven cotidianamente con su hijo adolescente, pueden encontrarse en situaciones que quizá experimentaron con sus propios padres cuando eran ellos adolescentes. La adolescencia es un período de la vida de tal intensidad que deja una marca duradera en la existencia de cada uno, con señales más o menos marcadas por aquí y por allá, heridas más o menos cicatrizadas y recuerdos más o menos borrosos o idealizados. Suele recordarse con mayor o menor placer, e incluso se da el caso de quien se niega a recordarla.

Las reacciones espontáneas exageradas con respecto a los adolescentes, originadas bien por exasperación o indiferencia, no son raras. Unas y otras revelan la sensibilidad del interlocutor (padre, educador, abuelo, etc.) hacia su propia adolescencia. Una sensibilidad que las actitudes y conductas del o de los adolescentes que lo rodean han despertado.

EJEMPLO: CONFRONTARSE DE NUEVO CON LA ADOLESCENCIA

Educadores de diferentes edades participan en un cursillo profesional en la escuela en la que trabajan. Un cierto número de ellos llega tarde, cuando la clase ya ha comenzado. Entran y se instalan ruidosamente continuando las conversaciones entre ellos. Dado que la clase trata de «los adolescentes difíciles», se pide a los educadores que expresen sus reacciones y su intolerancia hacia los alumnos que llegan tarde o que hablan sin cesar durante las clases. Estos educadores han olvidado, sin duda, su propia adolescencia y su actitud de llevar la contraria, frecuente en esa etapa. O tal vez no llegaron a atreverse a estar en desacuerdo, a rechazar a sus educadores en el momento de su adolescencia.

La similitud de su comportamiento, cuando están en situación de clase, con el comportamiento de algunos de sus alumnos en situación escolar, revela interrogantes personales, sufrimientos. Están marcados por las actitudes de intolerancia y de agresividad con respecto a sus alumnos. Estas actitudes esconden un rechazo a cuestionarse a ellos mismos. ■

Sin embargo, la adolescencia de los hijos es, para los padres, aunque también para los educadores, los profesores, etc., una buena ocasión para **ponerse a trabajar**◆ y darse la oportunidad de intentar superar los recuerdos mal asimilados, los conflictos internos, las cuestiones de identidad, las dificultades de relación con sus propios padres (quizás no se remodelará tan pronto).

Cuando los padres y los educadores demuestran a los adolescentes que ellos no sólo son capaces de cuestionarse a ellos mismos en el plano psíquico, sino que esta removilización tiene efectos constructivos y no destructores, entonces los adolescentes pueden permitirse realizar su trabajo de reorganización interna.

◆ La remodelación psíquica que se opera a lo largo de toda la vida, pero que es particularmente intensa durante la adolescencia, moviliza una gran cantidad de energía y requiere un esfuerzo importante, como cualquier trabajo, a quien desee evolucionar psicológicamente.

El adulto «espejo» del adolescente

La comunicación verbal es eficaz cuando los interlocutores llegan a canalizar las comunicaciones no verbales, especialmente las emociones y las reacciones exageradas o contradictorias. Sin embargo, en algunos momentos, sin darnos cuenta, imitamos el modo en que se expresan los adolescentes. Por ejemplo, reproducimos ante ellos y al mismo tiempo que ellos sus reacciones exageradas, inmediatas y variables, o bien huimos, como ellos, de las situaciones difíciles.

EJEMPLO: LOS PADRES REACCIONAN DE FORMA IMPULSIVA COMO LOS ADOLESCENTES

Julián (16 años) acaba de decir a su madre con un tono alto y emocional:
—Ya estoy harto de la escuela, ¡no me interesa!
Ella, que quiere que su hijo tenga el bachillerato, reacciona inmediatamente y del mismo modo que su hijo: «¡Ni se te pase por la cabeza dejar de estudiar!»

La **señora M.** se queja al tutor de su hijo, alumno de secundaria, de sus resultados en matemáticas, que están por debajo de la media:
—Es horrible —dice—, es completamente negado...
—No es así —responde el educador—, en conjunto es un buen alumno que sólo debe progresar en esta materia. ∎

El adolescente, con sus reacciones a veces inesperadas y exageradas, nos lleva a reaccionar en el mismo registro que él. En el ejemplo, la madre de Julián no se concede un tiempo antes de responder a su hijo. Y al responder en el instante se deja vencer por la emoción intensa con la que Julián se expresa. Cuando reaccionamos de inmediato, nos arriesgamos a actuar sin matices, a convertirnos en un espejo del adolescente y funcionar, como él, siguiendo la ley del «todo o nada». Igual que la señora M. que, sin ver a su hijo de forma global, lo percibe, según el momento, o todo bueno o todo malo. Igual que el padre furioso que le rompe el brazo a su hijo de 15 años porque acaba de cometer un delito.

Cuando no nos concedemos un tiempo para reaccionar, podemos actuar como el adolescente, que desea satisfacer en seguida sus deseos, sus ganas, sus impulsos.

EJEMPLO: QUERER SATISFACER INMEDIATAMENTE LOS DESEOS

«Ya estoy harta –dice una **madre** sobre su hija–, nunca hace las cosas cuando se lo pido. Tengo que repetirle veinte veces que ordene las cosas que deja por toda la casa para que me haga caso.» ∎

La madre de esta joven se sitúa en la inmediatez. Espera y exige que su hija se adapte, evolucione y cambie en el mismo momento en que se lo pide.

Cuando no sabemos afrontar situaciones difíciles, cuando nos asustan las situaciones nuevas, podemos actuar como el adolescente en situaciones similares. Intentamos, como él, esquivar o evitar estas situaciones poco habituales o conflictivas. Entonces podemos adoptar actitudes manipuladoras, de indiferencia o de huida.

EJEMPLO: LA INDIFERENCIA AFECTA EL COMPORTAMIENTO DEL ADOLESCENTE

La **señora D.** dice que logra todo lo que quiere de su hijo, de 18 años, mediante el cariño. Un **profesor** pasa por un pasillo de la escuela junto a dos jóvenes, a los que no conoce, y que se están peleando. Vuelve la cabeza para no verlos y continúa su camino. ■

Estas reacciones miméticas pueden acentuar las actitudes y las conductas exageradas de los adolescentes, confundirlos o perturbar la comunicación con los adultos.

Al comportarnos de una manera diferente, evitando reaccionar como un adolescente, le ofrecemos la posibilidad de observar otros modos de actuar que más tarde puede hacer propios. Son opciones que el adolescente necesita porque tiende a comportarse de un modo invariable en una misma situación.

Los adolescentes también esperan que nosotros nos comportemos con respecto a ellos con mayor seguridad y firmeza. Nos piden que les exijamos y les pongamos límites claros y concretos, y que nos empeñemos en hacérselos respetar con calma, sin ceder al peso de sus recriminaciones. Prueban nuestra capacidad de afrontar y gestionar las situaciones conflictivas. Nos piden que dediquemos tiempo a comprender los acontecimientos y a las personas para poder participar en la resolución de las tensiones.

Dejar de infantilizar al adolescente

No siempre estamos atentos al modo en que hablamos con un joven. Seguimos manteniendo las expectativas que teníamos cuando era un niño. Asimismo, nos sorprende que cuestione nuestra autoridad y decisiones. Los adolescentes son especialmente hostiles a los discursos que los infantilizan eternamente o les hacen sentir dominados.

CÓMO FACILITAR LA COMUNICACIÓN CON UN ADOLESCENTE

1. No olvide saludarlo cuando se dirija a él por primera vez en el día.
2. Tómese su tiempo para interesarse por él. Mírelo, pero no de un modo demasiado evasivo ni demasiado insistente. No exija que le mire a los ojos cuando le esté hablando. En algunas culturas, los niños y los adolescentes deben bajar los ojos cuando un adulto les habla.
3. Abandone progresivamente los sobrenombres por los que se le conoce desde que era pequeño. Adapte progresivamente su lenguaje que parece poder comprender, sin dar la impresión de ser «condescendiente» al ponerse a su nivel.
4. Escoja la forma interrogativa para pedirle algo o para reformular lo que acaba de expresar.
5. Evite darle órdenes, utilizar el imperativo, gritar, hablar demasiado rápido, demostrar una irritación profunda o ser agresivo. Se arriesga a contagiarle las emociones que usted tiene y que él percibe tras su mirada, palabras y gestos.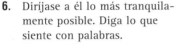
6. Diríjase a él lo más tranquilamente posible. Diga lo que siente con palabras.
7. No sea ni demasiado amable ni demasiado indiferente. Manifieste interés por lo que él dice o hace: tómese su tiempo para escuchar lo que le dice. No reaccione ni demasiado rápido ni de un modo emocional o moralizador.
8. No deje que le confunda, le desestabilice o le irrite el modo en que el adolescente interprete lo que usted dice; especialmente cuando no comprende o comprende algo diferente de lo que usted ha dicho. No intente justificarse, intente que su mensaje sea más explícito, más ilustrado, más concreto.
9. No exija que sus demandas se cumplan inmediatamente. Déle la posibilidad de decir espontáneamente «no», de discutir, reflexionar y escoger.
10. No espere que reconozca verbalmente que usted tiene razón y él está equivocado.
11. Acepte que sabe cada vez menos sobre él a medida que crece.
12. No deje de comunicarse con un adolescente que no responde o que no quiere escucharle. Siga hablándole, diciéndole tranquilamente que desea hablar con él, respetando las consignas arriba indicadas (en particular cuando le contesta o le grita «no me importa lo que digas»).

Son sensibles al modo en que se dirigen a ellos. A menudo, cuando se sienten reconocidos y respetados por los adultos que se comunican con ellos son capaces de controlar su capacidad verbal, sus entonaciones y sus modales.

Tolerar al adolescente tal y como es

Dado que los adolescentes tienen, en algunos momentos, actitudes y conductas específicas, no es exagerado afirmar que existe una diferencia cultural entre los adultos y los jóvenes respecto a las actitudes, los intereses y las conductas, y sobre el modo de funcionar y las preocupaciones psíquicas.

Reconocer estas diferencias y esta distancia entre las generaciones es situarse en una cultura de **tolerancia**◆. La tolerancia consiste en admitir en el otro un modo de pensar o de comportarse diferente del nuestro. Cuando toleramos a los adolescentes como son, reconocemos una diferencia que nos separa de ellos. En un primer momento, se trata de percibir y entender las diferencias con las que estamos en total desacuerdo. La tolerancia puede producir en nosotros sufrimiento cuando experimentamos irritación, nerviosismo o aversión ante ciertas actitudes o conductas que practican algunos adolescentes. Pero tolerar a los adolescentes tal y como son no significa aceptarlo todo, ni cerrar los ojos a lo que nos parece contrario a nuestros ideales o a nuestros criterios. Cuando no estamos de acuerdo con algunas de sus actitudes, conductas u opiniones, debemos expresarles nuestro desacuerdo con buenos modales, utilizando para ello todo el tiempo necesario, dejándoles tiempo para que puedan cambiar de opinión o de comportamiento y, por tanto, para que no modifiquen de inmediato su forma de ser.

La tolerancia es una actitud difícil que se construye con el paso del tiempo, cuando aprendemos a situarnos a una buena distancia de los adolescentes, entre el rechazo y la aceptación total de sus comportamientos.

◆ La tolerancia tiene que ver con las actitudes, las conductas, las opiniones, etc. No afecta a las personas porque cada ser humano debe ser respetado sean cuales sean sus convicciones y sus ideas. La tolerancia se aplica a los comportamientos que se inscriben en un marco justo y legal. No se puede ser tolerante con los delitos, los crímenes ni las conductas que ponen en peligro los bienes y la vida de alguien. Nota redactada a partir de la obra Tolérance j'écris ton nom, publicada por ediciones Saurat, UNESCO, 1995.

No considerar demasiado pronto al adolescente un adulto

Nuestras representaciones sociales del niño o del adolescente han cambiado a lo largo de las últimas décadas por la influencia tanto de las ciencias humanas como del sector económico. El niño se reconoce como una persona dotada de razón. Tiene sus derechos. Los educadores tienen en cuenta sus deseos. Para algunos padres, profesores y educadores la imagen del niño o del adolescente se confunde a veces con la imagen del adulto. Sin embargo, el adolescente todavía no es un adulto, ni tampoco es un niño, es típicamente un adolescente.

Muy a menudo, los padres, profesores y gente en general, se representan al adolescente como un adulto. No se atreven ni se arriesgan a hacerle propuestas educativas, no más de lo que lo harían respecto a un *alter ego* (amigo, conocido, compañero de trabajo, etc.). No se permiten acompañarlo, guiarlo u orientarlo hacia su futuro como adulto, en el que deberá tener en cuenta ciertas exigencias sociales, por miedo a traumatizarlo o a sus reacciones encendidas u hostiles.

Sin embargo, el adolescente necesita interlocutores adultos que acepten la distancia intergeneracional que los separa.

EJERCICIO

¿Se representa usted al adolescente como un adulto?

Cuando el adolescente presenta en sociedad comportamientos que a usted le parecen inadecuados, ¿suele pensar que el joven es plenamente consciente de ello y que asume sus actos?

¿Se permite usted indicarle las actitudes y conductas que se esperan por su parte en tal o cual circunstancia?

¿Cree que este tipo de educación es de su competencia?

Cuando el adolescente reacciona airadamente a sus comentarios, ¿se siente usted incomodado?

¿Tiene usted la impresión de inmiscuirse en algo que no le incumbe?

INFORMACIÓN

ESTAR DEMASIADO CERCA DEL ADOLESCENTE

- No aceptar nada de él o aceptarlo todo.
- Adaptarse totalmente a él.
- Hacer demasiadas preguntas.
- No llegar a soltarlo.
- No soportar esperarlo.
- No poder vivir sin él.

ESTAR DEMASIADO LEJOS

- Ser totalmente indiferente.
- No adaptarse nada a él.
- No hacerle ninguna pregunta.
- Soltarlo demasiado y de repente.
- No intervenir en sus asuntos.
- No esperarlo nunca.
- No preocuparse por él.

Situarse a cierta distancia

La búsqueda de una cierta distancia relacional es un proceso continuo que requiere una movilización de las capacidades de observación, de interrogación y de cambio para aprender a situarse no demasiado cerca del adolescente, ni demasiado lejos de él.

De esa cierta distancia dependerá la autonomía de la que irá gozando progresivamente el joven y las responsabilidades que tomará y/o le confiarán otros. Cuando los niños crecen, las relaciones con los padres se modifican de un modo casi radical: los padres ya no saben todo lo que hace el joven, todo lo que le ocurre. Tienen que aprender a saber cada vez menos sobre su hijo adolescente, a verlo cada vez menos, a dejarlo tener experiencias nuevas y formadoras, aunque no todas, sólo las que no pongan en peligro la integridad de su persona.

Los padres son inducidos a ignorar progresivamente y por completo aspectos de la vida de su hijo adolescente puesto que él ya tiene una vida privada, secretos, actividades que son personales, amigos que sus padres no conocen. Los padres también deben aprender a escuchar a su hijo o hija, sin cultivar angustias o miedos y sin imaginar verdaderas «tragedias» cuando llegan tarde. Finalmente, deben acostumbrarse a soportar ausencias para continuar viviendo sin él y permitirle vivir sin ellos.

Estas adaptaciones sucesivas no se realizan sin conflictos y sin resistencias. Asimismo, cada padre, cada educador que debe enfrentarse en un momento dado a las dificultades de relación con un adolescente tiende a compararse con otros padres y otros educadores; entonces, se imagina que es el único, entre los padres o educadores, que se encuentra con estas dificultades.

EJEMPLO: UNA MADRE SE ANGUSTIA PORQUE SU HIJO LA COMPARA CON OTROS PADRES

«Mi hijo me asegura que los padres de su compañero son muy tranquilos, que nunca se enfadan. Me critica por no ser como ellos... Me gustaría saber cómo lo consiguen...

¡Yo no sé qué hacer con Adrián!», dice la **madre** del joven a una de sus amigas. «No sé cómo reaccionar, su comportamiento me pone nerviosa.» ■

Las reflexiones y el malestar de la madre de Adrián están relacionados con un sentimiento de culpabilidad (que siente sin ni siquiera saberlo) de no ser una madre tan perfecta como desearía. También porque tiene la certeza de que ese modelo ideal existe, puesto que su hijo afirma que ha encontrado a los padres ideales.

No obstante, ese ideal parental o educativo es una mera ilusión. No existen los padres o educadores perfectos fuera de nuestra imaginación. Por tanto, sería beneficioso que abandonáramos ese ideal de perfección, que intentáramos emprender el proceso de duelo para aceptarnos enteramente, con nuestras imperfecciones y nuestras cualidades.

Ser padre, ser educador, es ser responsable de los éxitos del joven, pero también de sus fracasos sin sentirse infravalorado, avergonzado ni culpable por ello. Es aceptar la «incomodidad» psíquica vinculada a la distancia intergeneracional y que hace que el padre establezca límites para proteger y contener al adolescente; es ser transmisor de saber, conocimiento y modales para que el adolescente se comporte ante los demás teniendo en cuenta su historial familiar y el contexto social en el que vive. También significa reconocer los errores, superar los momentos difíciles y cambiar de opinión cuando sea necesario.

Con todo esto en mente, podrá intentar que los jóvenes le escuchen, reconozcan y obedezcan sin necesidad de imponerlo por la fuerza. También podrá ejercer y asumir su autoridad de un modo firme y flexible, huyendo tanto del autoritarismo como de la permisividad.

ADAPTARSE PARA COMUNICARSE MEJOR

2

Las personas que rodean a los adolescentes tienen reacciones diferentes según sean los jóvenes con quienes se relacionan.

Las actitudes de los padres con respecto a sus hijos o hijas están cargadas de emociones y sentimientos. Varían con la edad del adolescente. Sin duda, los padres son más tolerantes en cuanto a las reivindicaciones de libertad de los adolescentes mayores de 16-18 años y menos tolerantes hacia las mismas demandas formuladas por niños de 12 años. Del mismo modo, son más tolerantes con respecto a las conductas exageradas y las exigencias de sus hijos adolescentes si obtienen buenos resultados escolares. Los profesores se sienten más cómodos con jóvenes que proceden, como ellos, de clases medias y se

interesan por los contenidos escolares. La gente en general es menos indiferente con respecto a los adolescentes que se encuentran en la calle si son padres o abuelos de adolescentes. Perciben a los jóvenes en función de sus modos de percibir a sus propios hijos o nietos. Así pues, los padres o educadores que tienen relaciones difíciles con sus hijos o alumnos tendrán tendencia a percibir de un modo negativo a los jóvenes que pertenezcan a ese grupo de edad.

Las reacciones y los comportamientos de los adolescentes también varían de un joven a otro, de un interlocutor a otro. No existe un único perfil típico de adolescente, así como tampoco hay una única forma de adolescencia. Además, se observan variaciones de actitud o conducta según el momento, la edad del joven, su historia personal, según el grupo social al que su familia pertenece, su rendimiento escolar, según si se le permite o no «entrar en la adolescencia», en función de la tolerancia familiar, escolar y social respecto a los comportamientos típicamente adolescentes.

¿CÓMO SE COMUNICA EL ADOLESCENTE?

Cada adolescente tiene un modo particular de comunicarse con los demás. La comunicación típicamente adolescente difiere de la comunicación informativa de los adultos. Sigue unas vías específicas que los adultos no siempre reconocen, o que ellos también utilizan sin ser conscientes de ello.

La comunicación verbal y no verbal

El adolescente se deja guiar por sus impresiones, sus experiencias, sus pensamientos inmediatos o sus convicciones para entrar en relación con los demás, reaccionar ante lo que éstos expresan y lograr comunicarse con ellos.

EJEMPLO: LA SEÑORA T. PROVOCA UNA REACCIÓN NEGATIVA EN SU HIJO PEDRO

La señora T., madre de **Pedro**, llega tarde, cargada de bolsas. La mesa todavía no está puesta para la cena. Cansada y de mal humor, grita en dirección al joven: «Pedro, ven a poner la mesa, vamos a cenar.» Éste le responde en el mismo tono: «No tengo tiempo, ¡estoy preparando un examen!» La madre le recuerda, también gritando, que hoy le toca a él. Entonces, el joven se planta delante de ella, con expresión tensa: «¡No es lo único que tengo que hacer! ¿Por qué siempre me lo pides a mí? ¡Que yo sepa, tengo una hermana!» La señora T., sorprendida por la reflexión de Pedro, interrumpe brutalmente el intercambio con un: «¡Ya basta, calla y obedece!» ∎

Como cualquier otra persona, el adolescente es especialmente sensible al modo en que se le habla. Percibe con agudeza las emociones y los sentimientos de su interlocutor. Es fácil acentuar sus propias reacciones. El adolescente mezcla sus emociones, afectos, sensaciones, pulsiones, deseos... con sus mensajes verbales y no verbales. También habla con el cuerpo, con los gestos, con las expresiones de su rostro, sus entonaciones, sus actitudes, sus conductas, etcétera.

Modifica, según sus impresiones, el objetivo y las reglas de uso que rigen los intercambios. Asimismo, sorprende al interlocutor o lo desestabiliza con sus reacciones inesperadas. Es el caso de la madre de Pedro, que no había previsto su última pregunta, y ha tenido que cortar rápidamente.

El adolescente no se comunica con su interlocutor atendiendo únicamente al contenido objetivo del mensaje (aquí, poner la mesa). Puede responder a otro nivel y desplazar así la comunicación. En ese caso responde «otras cosas» sin advertir a su interlocutor sobre el modo en que se expresa o la forma del mensaje. Así pues, el rechazo de Pedro no respondía a la acción que se le pedía, sino a la orden que se le daba, es más, también, a las emociones expresadas por su madre. Entonaciones agresivas que sólo se dirigían a él y que no podía tolerar.

El adolescente también puede desplazar la comunicación y referirse al propio interlocutor. Entonces no se comunicará sobre el contenido del mensaje, sino sobre lo que siente con respecto al otro.

Mensajes múltiples y contradictorios

El adolescente no sólo utiliza para comunicarse todo el repertorio verbal y no verbal del que dispone, sino que algunas veces multiplica los mensajes, contradictorios, en el marco de una misma comunicación. Además, esos mensajes pueden estar codificados, sobre todo si se expresa con el cuerpo, pues el adolescente suele añadir, a una comunicación informativa, elementos interactivos que irrumpen repentinamente en él, o que expresa para hacer reaccionar al adulto.

Pedro, en el ejemplo anterior, utiliza verbalmente la comunicación interactiva para expresar lo que siente y lo que le hace sufrir, es decir un profundo malestar respecto a su hermana y quizá también respecto a su madre. Tiene la impresión de que la última se dirige demasiado a él, que está demasiado cerca. En la comunicación interactiva, los mensajes no siempre se deben entender de manera literal, aunque sí en segundo grado. El adulto debe decodificar los diferentes sentidos, sobrentendidos, ya que el adolescente a veces habla sin ser consciente del sentido de lo que está diciendo. Para acercar estos significados, el padre debe dejar que las palabras «trabajen» en él. Harán su «efecto» a través de las diferentes interpretaciones que descubrirá a medida que reflexione y que le permitirán, eventualmente, modificar algunas de sus actitudes ante el joven. No siempre es necesario informar al adolescente de las interpretaciones descubiertas así. Cuando los educadores se reúnen entre sí para interpretar entre todos el significado de los comportamientos de un alumno, es necesario que sepan aceptar las diferentes interpretaciones procedentes de diferentes personas presentes. Muy a menudo, tratan de convencerse mutuamente de que sus propias interpretaciones están bien fundamentadas. Sin embargo, ni unos ni otros tienen la razón. A partir de la puesta en común de sus múltiples interpretaciones, identificando uno o varios hilos conductores, podrán encontrar respuestas o soluciones y experimentarlas a continuación con el alumno en cuestión.

Cuando los adolescentes emiten mensajes contradictorios, tenemos tendencia a pensar que son veleidosos o que quieren provocar. A veces, estos mensajes contradictorios no son sobre un mismo objeto.

EJEMPLO: JULIA EMITE MENSAJES CONTRADICTORIOS

Julia se ha negado a acompañar a su madre, que le había propuesto ir a visitar a su abuela, pero la madre ha insistido y ha ido a regañadientes. Más tarde, al despedirse de su abuela, Julia ha dicho lo contenta que estaba de haber venido a verla. Julia no quería rechazar a su abuela, pero sí quería desobedecer a su madre. ∎

La joven expresa sucesivamente un no deseo y un deseo de ver a su abuela. Pero su mensaje también tiene otro significado, el rechazo no tiene nada que ver con su abuela, sino con su madre. En realidad, la joven no se negaba a visitar a su abuela, sino a acceder a la petición de su madre, pues Julia confundía aceptar la demanda de su madre con la obediencia infantil.

Durante la adolescencia, algunos jóvenes se niegan a obedecer órdenes o propuestas por puro principio, para desmarcarse de la infancia.

LA BÚSQUEDA DE INTERACCIÓN CON EL ADULTO

El adolescente es paradójico en lo que se refiere a la relación con sus padres o educadores, pues piensa que puede prescindir de ellos pero, al mismo tiempo, busca el contacto con ellos. Da la impresión de que no tiene nada que contarles, que no quiere hablar con ellos por nada del mundo, pero se comunica con ellos de otro modo: con actos, con su cuerpo o a través del trato con ellos.

Comunicación a través de actos

El adolescente puede hablar con su cuerpo, plantear preguntas o expresar afirmaciones a través de sus actitudes y conductas. Pero espera que el adulto le responda, él sí, dentro del registro verbal.

El adolescente utiliza esta comunicación corporal, activa e interactiva porque invierte con fuerza en su cuerpo, ya que éste participa en la construcción de su propia individualidad.

El cuerpo ocupa, a partir de la pubertad, un lugar preponderante en las vivencias del adolescente y se convierte en una herramienta privilegiada de comunicación con los demás. Por sí mismo, el cuerpo del adolescente puede representarlo, revelar su personalidad completamente. El adolescente es su cuerpo, ya que éste participa en la construcción de su propia individualidad. Por tanto, lo utilizará para expresar su identidad, sus conflictos internos, sus interrogantes, sus miedos, sus angustias, sus dificultades de relación con los demás, su deseo de diferenciarse de sus padres y de las generaciones precedentes, su deseo de integrarse en su grupo de edad... Esta comunicación no verbal se desvela a la vista y al oído en la indumentaria del adolescente, el peinado, la ropa, su comportamiento o a través de sus **quejas somáticas♦**.

♦ *Quejas somáticas: cansancio, miedo de haber contraído una enfermedad grave, dolores que afectan a un órgano vital, pero sin signos clínicos particulares.*

• ¿Este cuerpo es suyo o todavía pertenece a sus padres? ¿Puede hacer con él lo que quiera? ¿Es inmortal, infalible? ¿Le gusta realmente la imagen que ve en el espejo? ¿Quién es? ¿Es como los demás?

• Las conductas de riesgo son todas las conductas corporales, sociales, etc., durante las cuales el adolescente se pone en peligro. A veces el grupo al que pertenece valora ese tipo de conducta, especialmente las conductas delictivas (ver también pág. 85).

• Pulsiones agresivas: el adolescente agrede su cuerpo cuando consume productos tóxicos, se lastima durante las prácticas deportivas, o estimula demasiado los sentidos, por ejemplo el oído, con un walkman demasiado fuerte.

Además, el joven debe adaptarse a ese cuerpo, nuevo instrumento de medida y de referencia para él. No sólo la imagen de su cuerpo se modifica, también cambian las relaciones espaciales consigo mismo, con los demás y con su medio ambiente. Puede sentirse confuso y malhumorado por los cambios corporales que experimenta y no puede dominar.

Por ello debe acostumbrarse a su cuerpo, que cambia a un ritmo rápido, y a resolver las tensiones, las nuevas excitaciones que experimenta, especialmente las pulsiones sexuales. «El adolescente es como un ciego que se mueve en un universo cuyas dimensiones han cambiado», afirma A. Haim, un experto en adolescentes. Así, el malestar que siente se manifiesta en los nuevos comportamientos que experimenta, aunque también en el sentimiento de duda, de inquietud o de alienación que le asalta **en relación con su cuerpo, su imagen o su rostro**•. El adolescente intentará responder a estas cuestiones con actos, a veces a través de **conductas de riesgo**•.

Tal comportamiento le permite tener, solo o en grupo, experiencias extremas (a veces dolorosas) durante las cuales experimenta emociones, nuevas sensaciones, él mismo se convierte en el objeto de sus **pulsiones agresivas**•, pone a prueba los límites transgrediendo las prohibiciones y las reglas, y finalmente escapa a la pasividad o a sus padres.

El cuerpo se convierte al mismo tiempo en el receptor de la palabra y en el medio para hablar espontáneamente de sentimientos y emociones. Este tipo de comunicación es frecuente en el ámbito de los grupos bajo la responsabilidad de monitores o responsables más mayores.

EJEMPLO: EL CUERPO DEL ADOLESCENTE ES UTILIZADO PARA COMUNICAR

Durante un campamento de verano se han formado espontáneamente muchas parejas entre los asistentes. Los adolescentes, privilegiando sus relaciones amorosas frente a la vida cotidiana del campamento, han causado problemas de organización a los responsables. En otro campamento, los adolescentes repetían a todas las personas con las que se encontraban que una compañera se acostaba con todos los chicos. ■

En ninguna de estas dos situaciones los adolescentes plantean preguntas explícitas a los responsables que se encargan de ellos. Sin embargo, se trata de una comunicación interactiva de la que en seguida se han dado cuenta los monitores y que han decodificado.

RESPONDER CON PALABRAS A ADOLESCENTES QUE SE COMUNICAN CON ACTOS: EL DEBATE

1. Invite a cada adolescente individualmente al debate.
2. No busque una eficacia inmediata. No se trata de solucionar de repente el problema que causa el debate: tómese su tiempo para abordar el tema de un modo más general. El debate tiene como función estimular una reflexión personal y no reeducar ni normalizar.
3. Inicie la conversación de modo agradable para ellos, si es posible a partir de un documento que afecte a su sensibilidad: canciones, imágenes, etc.
4. Acepte que se resistan a entrar en el debate mediante tonterías, negativas, provocaciones, actitudes pasivas, etc. Respete sus actitudes y palabras. No reaccione a ellas de un modo emocional (nerviosismo).
5. Interésese por todo lo que digan, sin emitir juicios de valor; devuélvales las preguntas y no responda en su lugar.
6. Conviértalos en actores: permita que debatan entre ellos y hagan propuestas.

Los responsables han organizado debates con los adolescentes de los dos campamentos. En el primer campamento, han tratado las dificultades causadas por las relaciones afectivas, que afectaban de un modo exagerado a las actividades del campamento, respondiendo así a una de las preguntas expresadas con actos por los adolescentes: «¿Cómo gestionar las relaciones entre chicos y chicas?»

En el segundo campamento, han demostrado a los adolescentes que habían captado su preocupación o su comentario sobre la sexualidad. Ambos debates puntuales han desembocado en una conversación más larga sobre temas como el amor, el cuerpo, la amistad o la interrupción voluntaria del embarazo.

Comunicación a la defensiva

Cuando un adolescente está confuso por las informaciones que recibe, puede adoptar actitudes defensivas cuya función es protegerlo, a corto plazo, de una situación que de momento no controla, a la que no puede adaptarse. Estos comportamientos permiten que el adolescente evite al mismo tiempo cuestionarse a sí mismo y tener en cuenta las palabras que le producen cierto malestar o que incluso le molestan. Esta comunicación a la defensiva se inscribe en el registro mágico, el de la ilusión. Se manifiesta de maneras muy diversas.

EJEMPLO: NO ACEPTAR NINGUNA CRÍTICA Y ESTAR SIEMPRE A LA DEFENSIVA

La madre de **Mateo** está preocupada por el comportamiento de su hijo, que no soporta ninguna crítica, por más fútil que sea. Cuando abre la boca para hablar con él del rendimiento escolar, del futuro, de las salidas, etc., el adolescente expresa su exasperación con suspiros o indiferencia, sin prestar ninguna atención a las palabras de su madre. Algunas veces, Mateo se va cuando su madre está a media frase. ∎

Todas las personas que conviven con adolescentes se han topado en alguna ocasión con estas actitudes pasivas, indiferentes, burlonas e incluso hostiles cuando hablan con ellos o les piden que hagan algo. Y todas ellas han sentido un cierto malestar, ya que tienen la impresión de dirigirse a una pared o de encontrarse con una fuerte oposición activa o pasiva. Por ello, se empeñan en justificar sus palabras o en argumentar sus ideas, a veces sin resultados claros. Finalmente,

CONSEJOS

Aprenda a identificar las actitudes defensivas de los adolescentes. Se esconden tras las actitudes, conductas y palabras de evitación excesivas en relación con la situación vivida. Regístrelas para ajustar sus palabras y su comportamiento.

Respete esas defensas. No las «busque» inútilmente, únicamente téngalas en cuenta antes de continuar con lo que estaba haciendo o diciendo.

No apremie ni infantilice al adolescente. Si es profesor, puede decir, por ejemplo: «Es evidente que lo que digo o pido que hagas no te interesa, pero es mi deber decirlo o pedirlo. Puedes no estar de acuerdo conmigo o no tener interés... pero te pido que hagas un esfuerzo durante unos minutos.»

Se trata, en realidad, de conducir al adolescente, que funciona según la ley del «todo o nada», hacia una posición más conflictiva para que mantenga en conjunto, sin excluir alguna de ellas, las posiciones contrarias a lo que desea.

No se deje confundir ni desestabilizar por las reacciones defensivas. Tolérelas, después de haberlas «puesto en palabras» con buena disposición. Luego, acepte hablar o actuar delante.

se sienten desestabilizados por las palabras irónicas o burlonas que les dirigen los adolescentes, como: «No te canses», «A ti qué te importa»... mientras intentan convencerlos de la buena voluntad de sus intenciones.

La madre de Mateo podría no tomarse al pie de la letra el comportamiento de su hijo que, manifiestamente confuso por lo que le dice, adopta la actitud inversa. Esta actitud tiene como objetivo hacer callar a su madre. Ahora bien, no se trata ni de callarse, ni de acentuar la confusión del joven.

Utilización y manipulación del otro

En algunas situaciones, los adultos se sienten agredidos, heridos y montan en cólera cuando se dan cuenta de que han sido utilizados o manipulados por adolescentes. Esta actitud, que consiste en interesarse por alguien, ser amable con él mientras se le necesita e ignorarlo en el momento en que la necesidad cesa, es frecuente en los adolescentes, aunque no sean siempre conscientes de ello.

EJEMPLO: ELENA UTILIZA A SU PADRE PARA QUE LA LLEVE EN COCHE A CASA DE UN AMIGO

Elena (14 años), ya no saluda a sus padres. No les da los buenos días ni las buenas noches, ni responde a sus saludos. Para gran sorpresa de su padre, un domingo por la mañana, Elena le dio los buenos días y lo besó en las dos mejillas, tal como hacía cuando era más pequeña. El padre experimentó una cierta alegría y se lo dijo. Más tarde, en el transcurso de la mañana, la joven le pidió un favor a su padre. Se trataba de llevarla en coche a casa de un amigo que vivía demasiado lejos para que ella pudiera llegar por sus propios medios. El padre la acompañó y fue a buscarla por la tarde. Por la noche, al acostarse, Elena ignoraba de nuevo a su padre. ∎

Elena conoce los criterios de su padre de materia de normas de educación. De hecho, las practica voluntariamente con los demás miembros de la familia, pero no con sus padres, que no comprenden este comportamiento y lo interpretan de modo negativo. Existe una cierta tensión emocional entre ellos sobre este tema; una tensión que perturba los intercambios. Al hacerla desaparecer, Elena ha podido comunicarse con su padre. De este modo, demuestra que conoce perfectamente las reglas de la comunicación eficaz cuando le interesa. Pero, como vive en el instante presente, no se da cuenta de que refuerza así la hostilidad y desconfianza de sus padres hacia ella. La experiencia probablemente le servirá de lección.

Al contrario de lo que imaginamos, no se trata obligatoriamente de una conducta manipuladora. A partir de la adolescencia, los chicos y las chicas pueden no tener, respecto a sus padres, la misma proximidad ni los mismos comportamientos afectuosos.

La pubertad borra la diferencia sexual fisiológica que separa a los adolescentes de sus padres y hace posible la amenaza del incesto, reavivando el **complejo de Edipo◆**. La reaparición de esta problemática inconsciente de la primera infancia produce miedos y angustias, a las que algunos adolescentes reaccionan de un modo defensivo con la evitación o la agresividad. Pueden llegar a huir del contacto corporal e incluso espacial con sus padres. Elena rechaza acercarse a sus padres para darles un beso. Algunos adolescentes dicen que se ponen nerviosos cuando su madre les pide demasiado a menudo algo. Hay adolescentes que no quieren **compartir una comida◆** con sus padres porque hacen ruido al comer. Otros no soportan ni siquiera estar en la misma habitación que su padre o su madre.

CONSEJOS

CÓMO COMPORTARSE ANTE LAS CONDUCTAS QUE EVITAN LA RELACIÓN

1. Interésese por los diferentes sentidos posibles de estas conductas: tómese su tiempo para hablar con otras personas (padres, amigos, compañeros, etc.). También puede unirse a un grupo de discusión[1].

2. Intente percibir el registro en el que se inscribe esta conducta. Si es defensivo, significa que el adolescente no puede adaptarse de momento a la situación. Utiliza su energía para protegerse porque no puede controlar lo que siente. No sacuda demasiado fuerte sus defensas.

3. No interprete estos comportamientos en el registro moral, afectivo o social. Por ejemplo, que en este momento sea agresivo con usted no significa que sea malo, que no le quiera o que sea un maleducado.

1. Los grupos de discusión se forman en torno a un animador, en ámbitos muy diversos, como centros cívicos o escuelas. Hablar es bueno, permite observarse, facilita la comprensión de algunas situaciones difíciles. Además, en contacto con otras personas, aprendemos a relativizar lo que nos pasa. Nos sentimos aliviados y nos tranquiliza comprender que otros se debaten con los mismos problemas, viven los mismos conflictos y buscan respuestas a los interrogantes que también nosotros nos planteamos.

La presencia física de los padres se convierte, pues, en una fuente de tensión y excitación. Por otra parte, cuando más próximos y queridos son los padres por sus hijos adolescentes, mayor es el malestar que sienten éstos; mientras que en la infancia, cuando más cerca se siente de los padres, más tranquilo y cómodo está el niño. La inversión del efecto de la proximidad parental a partir de la adolescencia confunde a los padres, que se perciben a ellos mismos siempre, a cualquier edad del niño, como agentes de seguridad, tranquilidad, confianza y protección.

Cuando las relaciones entre el adolescente y sus padres se resexualizan, el momento de las comidas se convierte en un lugar sexualizado porque de él se obtiene satisfacción, en familia, a la pulsión oral. El adolescente, confuso por la dimensión presexual de la comida y la proximidad con sus padres, se defiende de ello huyendo.

Ese malestar conduce a los adolescentes a distanciarse físicamente de sus padres, pero su deseo se basa esencialmente en la separación psíquica. Quieren singularizarse y conseguir su autonomía en relación con las figuras parentales, pero se sienten (a veces defendiendo su cuerpo) que todavía necesitan a sus progenitores, sin darse cuenta del carácter paradójico de este deseo.

Puesta a prueba del adulto

El adolescente quiere alejarse de sus padres, pero desea, al mismo tiempo, la interacción con ellos. Provoca el conflicto para entrar en contacto y en relación con ellos. Escoge un modo de comunicación para tratar de controlar la relación con los adultos, puesto que él mismo tiene mucho miedo a ser manipulado: manipula para no ser manipulado.

EJEMPLO: JUAN PRETENDE MANIPULAR LOS SENTIMIENTOS DE SU MADRE

Juan acaba de discutir violentamente con su madre sobre una salida nocturna. Luego le dice: «No te entiendo, siempre tengo problemas contigo. Mis amigos no tienen estos conflictos con sus padres. Ellos, al menos, vuelven contentos a casa.» La madre de Juan se desestabiliza y duda en su decisión. ∎

Juan forma parte de los jóvenes que no pueden soportar algunas frustraciones. Al no obtener lo que desea por medio del diálogo, utiliza el arma de la manipulación. Observa a sus padres y conoce sus **fallas psíquicas***. Juan quiere que su madre dude de la decisión educativa que acaba de tomar y que no se corresponde con lo que esperaba. Los jóvenes utilizan esta estrategia con frecuencia para desestabilizar a los padres que dudan de sus opciones educativas. Por falta de discurso y de normas comunes, cada educador se ve obligado a elaborar él mis-

Las fallas representan los puntos de debilidad psicológica que cada individuo lleva dentro. La persona que teme los conflictos, por ejemplo, puede desestabilizarse cuando se encuentra en una situación conflictiva.

mo, solo, las actitudes y las conductas educativas apropiadas a la situación vivida, frente al adolescente o los adolescentes de los que es responsable. Tal soledad lo lleva a interrogarse constantemente sobre sus elecciones y sus decisiones; algunas veces, ya no sabe qué hacer. Asimismo, sus pautas educativas pueden variar de un momento a otro si tiene que decidirlas de una manera precipitada o bajo una fuerte presión de los adolescentes.

También hay adolescentes que utilizan esta estrategia cuando se dan cuenta de que sus padres tienen posiciones divergentes sobre las pautas educativas que se deben tomar. En un primer momento, pondrán a prueba el modo en el que sus padres controlan estas oposiciones entre ellos.

EJEMPLO: LUCAS SE APROVECHA DE LAS DIFERENCIAS EDUCATIVAS ENTRE SUS PADRES

Cuando **Lucas** necesita dinero o desea salir de noche, formula su demanda a su padre, que le responde de buen grado y favorablemente. La madre no comparte la gran libertad que su marido deja a su hijo, pero ha decidido no decir nada porque su marido le reprocha que es muy temerosa y no sabe tratar a Lucas. Sin embargo, cuando habla con sus amigas, manifiesta su inquietud con respecto a su hijo y una cierta cólera hacia su marido. ■

La madre de Lucas ha adoptado una actitud de inhibición para no entrar en conflicto con su marido, un hombre autoritario que la domina y la descalifica en su papel maternal. Lucas ha comprendido bien la relación de poder que existe entre sus padres y que, de momento, le es favorable. Pero la situación puede acabar en un conflicto entre ellos si la madre decide un día dar su opinión e insiste en que se la tenga en cuenta. En ese caso será necesario que los padres negocien entre ellos las respuestas que deben dar a las diferentes demandas de su hijo, antes de hacerlo directamente con el joven.

Es necesario que los padres lleguen a un consenso, un arreglo que tenga en cuenta la posición de ambos. Y cuando las posiciones están muy alejadas y los padres se aferran a su posición inicial, es deseable que ambos no se descalifiquen mutuamente, especialmente ante el adolescente. Cuando ni uno ni otro quieren ajustar su opinión o cambiarla, ambos pueden, por turnos, durante una duración establecida por ellos mismos, ser el referente del joven durante el período convenido.

Los profesores en sus clases y los monitores en los grupos de jóvenes también son puestos a prueba por los adolescentes. Cuestionan su capacidad para dirigir un grupo o para enfrentarse a las dificultades: «¿Puedo sincerarme?» «¿Cree usted en lo que hace...?», parecen decir con sus actos, a través de su insolencia o su indiferencia. En esas ocasiones, hablan al mismo tiempo que su profesor (o responsable), discuten la actividad que les ha propuesto, se niegan a sacar sus cosas para trabajar o hacer la actividad que se les pide, se ríen de su ropa, suspiran o adoptan una actitud de total pasividad.

EJEMPLO: UN PROFESOR ES PROVOCADO POR SUS ALUMNOS ADOLESCENTES

En una clase de ciencias especialmente revuelta, el profesor pretende rebajar la tensión pidiendo a uno de los alumnos más agitados que salga de clase. Él se niega. El profesor le pide entonces al representante de la clase que acompañe al alumno ante el director. El representante se niega. El profesor anuncia una sanción por la falta de obediencia, luego intenta seguir con su clase donde lo había dejado. Pero es casi imposible ante la pasividad del alumnado. ∎

Los adolescentes interrogan sin duda más a menudo hoy en día la autoridad de sus profesores. No les reconocen espontáneamente una autoridad natural, vinculada al estatuto adulto y a su función. Las diferencias culturales entre los jóvenes y los menos jóvenes se han reducido considerablemente desde los movimientos de los años sesenta. La cultura original reivindicada por los jóvenes de entonces ahora forma parte del patrimonio de todas las generaciones. En una de las sesiones de la conferencia general de la Unesco se afirma: «La libertad sexual, el derecho a la palabra, las formas de expresión en las que la vida privada y la vida política se mezclan profundamente son valores reconocidos por todos[1].» No podemos fiarnos de la edad de los interlocutores para clasificarlos como adultos.

Los jóvenes aprenden a diferenciar a los padres o profesores, convertidos en adultos, de los padres o profesores que siguen siendo adolescentes al cuestionar su capacidad para controlar las situaciones y contener los excesos de los adolescentes sin dejarse desestabilizar por ellos.

El reconocimiento de la autoridad se construye entonces en una relación a lo largo de la cual los adolescentes ponen a prueba a los mayores. Una prueba que los profesores y los padres deben percibir

---

1. Conferencia general de la UNESCO, 21ª sesión, 1981.

para no dejarse llevar y arriesgarse a poner en juego su autoridad en el marco de una relación de fuerza de la que no saldrán obligatoriamente como vencedores.

LOS POSIBLES SUJETOS Y SIGNIFICADOS DEL RECHAZO

El profesor pide a un alumno agitado que salga de clase, pero éste se niega. El rechazo puede deberse a diferentes motivos:

1. **El profesor:** «¿Se ha dado cuenta de que entre usted y yo las cosas no funcionan?» o «¿Cómo saldrá de esta situación?»
2. **La petición:** «¿Con qué derecho me da órdenes?»
3. **La sanción:** «¿Por qué sólo me sanciona a mí?»
4. **Los compañeros:** «¿Cómo quedaré ante los otros si le obedezco?»
5. **El alumno:** «No quiero moverme.»
6. **El modo** en que el profesor se ha dirigido a él: «¿Por qué me habla con un tono agresivo?»

No hay que esperar una obediencia automática y ciega de los adolescentes, pero sí es necesario permitirles que respondan, por medio del diálogo, a las órdenes que se les dan para que comprendan su significado. Además, el cuestionamiento de una regla o la negativa a obedecer de un adolescente pueden tener múltiples significados. No está de más que se intente decodificarlos para conducir luego la reflexión del adolescente sobre su actitud.

Así pues, el diálogo es esencial en una relación individual entre el joven y el adulto, en el momento que fije este último. Al anunciar inmediatamente una sanción, el profesor revela que está desarmado y que no tiene más propuestas. También se priva de la ocasión de hablar con el joven de lo que ha ocurrido y de los significados de su actitud. La conversación permitirá que el adolescente reconozca la autoridad del adulto, siempre y cuando el profesor no sea rígido ni hostil, ni indiferente respecto a él. En efecto, el adolescente suele estar dispuesto a acepar la autoridad de un adulto cuando se da cuenta de que sabe escucharle, que tiene en cuenta lo que dice, que no lo desestabiliza la crítica sino que puede hablar de ello tranquilamente, que no se refugia tras una actitud autoritaria agresiva ni se niega a modificar su punto de vista.

¿CUÁLES SON LAS REPRESENTACIONES SOCIALES DE LA AUTORIDAD PARA LOS ADOLESCENTES?

- La persona cuya autoridad reconocen los adolescentes se diferencia de ellos por sus actitudes, conductas y palabras. No quiere parecerse a los adolescentes ni comportarse como ellos.
- La diferencia intergeneracional es patente.
- La persona que tiene autoridad sobre los adolescentes presenta algunas cualidades. Son cualidades basadas en una relación existente, en la que el amor se cuestiona a menudo.
- Los adolescentes pondrán a prueba las cualidades, individualmente o en grupo. La persona que tiene autoridad sobre ellos es respetuosa con los jóvenes, los escucha, está atenta; impone límites claros y explícitos a los que se somete ella misma; es firme, justa en sus decisiones, no se deja desestabilizar por los comportamientos provocadores, sabe sancionar sin humillar; es fiable, competente, interesante en el plano profesional; capaz de adaptarse a los adolescentes y de ajustarse a sus exigencias.
- Las representaciones de la autoridad son bastante parecidas a las representaciones que los adolescentes se construyen de los adultos: personas que aceptan la oposición y la confrontación, sin derrumbarse y sin volverse violentas en represalia. El adulto no será ni demasiado inconsistente y maleable, ni demasiado inaccesible, rígido o duro como el acero. Sabrá asociar armoniosamente diálogo y exigencias, flexibilidad y firmeza...
- Finalmente, no hay que esperar que los adolescentes reconozcan y agradezcan a los adultos la autoridad que se desprende de sus personas.
- Algunos adolescentes funcionan de manera paradójica: se alegran de «hacer lo que quieren» con tal o tal persona (profesor, educador, padre) y, al mismo tiempo, sienten hacia él un profundo desprecio: «¡Es totalmente negado!»

LA COMUNICACIÓN A TRAVÉS DE LA PALABRA

Adultos y jóvenes, a veces se quejan de las dificultades de comunicación que existen entre ellos. No pueden dialogar cuando ambos quieren tener la última palabra, no escuchan al otro o no se comprenden.

El diálogo no siempre se desarrolla como a cada uno le gustaría. Pero aunque la comunicación no siempre sea satisfactoria, es más que necesaria. Los adolescentes se comunican con nuevas personas que pertenecen al mundo de los adultos cuando empiezan a alejarse de sus

padres. Los orientadores o responsables de grupos de adolescentes suelen ser interlocutores privilegiados. Los jóvenes pueden establecer con estos responsables una comunicación realmente personalizada durante la cual hablen de lo que están viviendo, de las cuestiones esenciales que se plantean, de sus desengaños amorosos y de las dificultades que tienen en general.

Durante un campamento de verano, **Marcos**, mientras lava los platos junto con su responsable, se dirige súbitamente a él con estas palabras: «Quiero escaparme. Si lo hago, ¿me acogerías en tu casa?» ∎

Cuando los adolescentes expresan en voz alta este tipo de preguntas, no es necesario responder rápidamente y en su lugar, puesto que son preguntas que muchas veces se plantean a ellos mismos (al preguntárselas a otro). Por otra parte, se arriesgan a llevarse una decepción por suscitar una reacción demasiado espontánea, porque lo que quieren es una respuesta acorde con sus expectativas. En realidad, el interlocutor, después de invitar al adolescente a que reflexione, puede darle algunos consejos, pero no darle una respuesta, ya que el adolescente es perfectamente capaz de «trabajar él solo». Tan sólo necesita que lo acompañen, lo animen, lo contengan y lo protejan mientras hace ese trabajo.

Los adolescentes también pueden comunicarse con personas que se encuentran por la calle y que no conocen de nada. En las grandes aglomeraciones urbanas, donde los individuos conviven ignorándose unos a otros, los adolescentes pueden saludar espontáneamente a un transeúnte que los está mirando.

Algunos, a través de actitudes o conductas ruidosas y exageradas, intentan atraer la atención intentando que los demás reaccionen: buscan la mirada y el diálogo con el otro y suelen encontrarse con la indiferencia social.

EJEMPLO: UN GRUPO DE JÓVENES ATEMORIZAN A UNA MUJER DE SU BARRIO

En un barrio marginal, una mujer sale de su casa para ir a comprar. Unos jóvenes, sentados en la escalera, la amenazan: «No podrá volver a su casa.» Se acerca al pie de la escalera y los jóvenes se reafirman en su posición. Ella no se atreve a pasar, no es cuestión de enfrentarse con ellos físicamente. Entonces, se sienta y habla con ellos. Al cabo de dos horas, la dejan entrar en su casa. (Ejemplo real, citado por Hervé Ott en la revista *Réforme*, en 1998.) ∎

La demanda de comunicación de estos jóvenes no es nueva. Pero nunca han sabido expresarla explícitamente. Seguro que era evidente en algunas de sus conductas interactivas, especialmente cuando impedían la salida del edificio, obligando a los vecinos a pasar por en medio de ellos.

Los vecinos, asustados por esos grupos de jóvenes desocupados, estaban poco dispuestos a decodificar el sentido de sus comunicaciones no verbales.

Una contradictoria demanda de comunicación

Confusos entre el deseo de alejarse y la necesidad de sus padres, el deseo de diferenciarse y a la vez parecerse a ellos, el deseo de hablar y el temor a hacerlo, los adolescentes elaboran una comunicación que oscila como una veleta. Sin ser del todo conscientes, el adolescente desea ser escuchado y comprendido por sus allegados. Suele expresar un vivo deseo de hablar, pero tiene miedo a hacerlo.

También puede quejarse de tener unos padres que no le comprenden o criticarlos por no saber escucharlo, pero, no obstante, sigue queriendo hablar con ellos.

Elisa buscaba el diálogo. Pero, al mismo tiempo, temía o evitaba los intercambios porque tenía miedo a desvelarse o a ser desvelada; a revelar, a ella misma y a su madre, sus fragilidades y, quizás, a no poder controlar lo que diría. Hablar con alguien implica una cierta confianza y la adolescente duda si concedérsela a su madre.

A veces, el adolescente no soporta cierto comportamiento de sus padres, pero se da cuenta, o se le hace ver que a veces se comporta como ellos. Esta constatación lo irrita, y él mismo se vuelve hostil al verse «igual» que las personas a las que no desea parecerse. En ese caso puede contradecir (con palabras o actos) a sus padres cuando expresan o adoptan sistemáticamente puntos de vista opuestos. Entonces multiplica los encuentros fuera de su medio familiar y social para diversificar sus identificaciones y experimentar otros tipos de vida, en otros lugares, a veces opuestos al modelo cultural y moral de su familia. Acaba preocupando a su madre porque continuamente la interrumpe cuando habla para contradecirla sin motivo, o a ambos padres por la gente que frecuenta.

A través de estas conductas, el adolescente revela una actitud paradójica con respecto a sus padres. Expresa una clara necesidad de diferenciarse de ambos, a la vez que se identifica con ellos.

Los discursos contradictorios, los encuentros y las experiencias nuevas, en la medida en la que ayudan al adolescente a formar el patrimonio de identificaciones, le permitirán más adelante escoger, libremente y por sí mismo, cómo quiere ser.

El adolescente descubrirá poco a poco que, para que las identificaciones sean estables, es necesario que sean conformes a modelos identificativos en vigor en la familia, que se refieran al sistema de valores en el que ha sido educado durante su infancia. Después de haber rechazado los modelos familiares, el adolescente, cuando sale de esa etapa de la vida, vuelve a menudo a sus referencias iniciales, pero las ajusta progresivamente teniendo en cuenta las diferentes experiencias vividas durante ese período.

LA IMPORTANCIA DE LA COMUNICACIÓN NO VERBAL

Durante la adolescencia, las relaciones entre los adolescentes y sus padres se transformarán profundamente, pero esta evolución sólo puede llevarse a cabo en un contexto de permanencia. Ante los bruscos cambios que los desestabilizan, los jóvenes necesitan encontrar en sus padres un refugio de seguridad que les aporte continuidad y estabilidad. Se trata, entonces, de que cada padre se diferencie de su hijo adolescente para no comunicarse del mismo modo que él, para no tomar al pie de la letra los mensajes que el joven emite y para no interpretarlos de manera emocional.

EJEMPLO: CARLOS Y SU MADRE SE COMUNICAN DE UNA MANERA ADOLESCENTE

—Querría ir yo mismo a comprar los pants —dice **Carlos**, que acaba de cumplir 15 años, y que insiste en ir solo a la tienda.

—Haz lo que quieras —acaba diciéndole su madre, enojada

—¿Puedes acercarme a la tienda? —le pide Carlos un poco más tarde.

—¿Pero no decías que querías ir tú solo? —responde su madre, irritada.

—¡Imposible! —añade el chico, sabes bien que no hay ningún medio de transporte para llegar al centro comercial y ¡no tengo moto!

—¡Ni hablar! —concluye la madre, ¡si quieres comprarlo solo, te las arreglas solo! ∎

La dificultad de comunicación entre madre e hijo se fundamenta en el hecho de que la madre no desea escuchar lo que su hijo le está diciendo.

Por motivos afectivos que no ha percibido en el momento del intercambio, la madre de Carlos se comunica con su hijo del mismo modo que un adolescente. Confusa por la autonomía puntual que su hijo le solicita, y para la que no está preparada, la madre de Carlos sólo escucha una parte del mensaje y la interpreta de un modo literal según la ley del «todo o nada». Donde Carlos expresa un deseo de autonomía relativa, ella entiende «autonomía total». No responde al contenido del mensaje, sino que responde sobre la relación. Le dice de un modo poco codificado que no quiere que se aleje de ella.

ANÁLISIS DE UN INTERCAMBIO VERBAL DIFÍCIL CON UN ADOLESCENTE

1. Recuerde este intercambio sin reacciones encendidas ni emocionales.
2. Determine el sentido de lo que molestó durante este intercambio, y vuelva a hablar de ello con él, más tarde.
3. Formule sobre este joven una apreciación matizada, ni demasiado buena ni demasiado mala.
4. Acepte que sus relaciones con él cambian progresivamente y tolere que tenga algunas experiencias nuevas.
5. Autorícese a cambiar de opinión sobre este joven.

Prestarles atención

A menudo, los adultos se comunican con los adolescentes siguiendo las reglas habituales que rigen los intercambios y no se adaptan a estos interlocutores particulares.

Privilegiando el contenido, las informaciones y las demandas que se quieren transmitir, se preocupan muy poco por el modo en el que los adolescentes los reciben.

Desde hace unos años, el mundo de la economía se muestra más atento respecto a ellos incluso que los educadores, al menos en cuanto a la calidad de la comunicación se refiere, en particular en las superficies de venta.

Los comerciantes o los vendedores han sabido adaptarse a estos diferentes interlocutores, todos clientes potenciales. En general, los adolescentes-clientes son educados con los vendedores y se adaptan a la situación comercial, cuyas reglas aceptan. Sin embargo, sus actitudes difieren de las de la población en general ya que la relación que establecen con los vendedores, sobre algunos productos, supera a veces el ámbito puramente comercial.

EJEMPLO: JAVIER ENTABLA AMISTAD CON EL VENDEDOR DE PRODUCTOS INFORMÁTICOS

Javier acude regularmente a la muy especializada tienda informática de la gran superficie que está cerca de su casa. Conoce bien los productos y le gusta hablar con los vendedores para intercambiar con ellos informaciones técnicas y prácticas, descubrir novedades y conversar acerca del tema que les interesa en común. ■

CÓMO TRANSMITIR A LOS ADOLESCENTES MENSAJES DIFÍCILES, DESAGRADABLES, MOLESTOS O INÚTILES PARA ELLOS

Identifique los mensajes susceptibles de producir en los adolescentes reacciones de enfado, malestar, hostilidad, rechazo, etcétera.

Intente aprender a transmitir estas informaciones de un modo más atractivo: de forma lúdica, humorística, etcétera.

Si no es posible, informe previamente a los adolescentes de lo que tal vez sientan, indíqueles los comportamientos y conocimientos necesarios para llegar a interesarse o hacer algo que no les gusta hacer.

Fíjese en los comportamientos y conocimientos que utiliza usted cuando tiene que hacer un trabajo aburrido o una actividad que detesta.

Esta identificación puede hacerse en grupo (grupos de padres, de profesores, etc.). Consiste en poner en común las estrategias que cada uno ha elaborado en esas situaciones a partir de preguntas concretas: ¿Cómo consigo hacer una cosa que no me gusta? ¿Qué me digo interiormente? ¿Qué me ocurre y qué hago cuando tengo prisa por hacer algo y me veo obligado a esperar?... ¿Y cuando tengo que realizar un esfuerzo y estoy cansado?... ¿Y cuando tengo que estar tranquilo y estoy nervioso?...

En cuanto a los mensajes que los adolescentes consideran inútiles, sería positivo que los padres, profesores y educadores pudieran aportar a los jóvenes indicios de reflexión sobre el sentido profundo de estos mensajes, habiendo hecho previamente la siguiente reflexión: ¿en qué contribuye este mensaje a la construcción psíquica, social, cultural y espiritual de los adolescentes?

Javier aprecia estar ante verdaderos interlocutores que lo consideran una persona digna de interés y que son capaces de descubrir sus expectativas. Algunos de ellos comparten su motivación, hablan de igual a igual con él y se implican rápidamente en la relación. Para que estos intercambios se realicen de un modo satisfactorio para los jóvenes, los vendedores no se limitan al establecer una relación puramente comercial informativa sino que añaden elementos emocionales, incluso relacionales.

La disponibilidad mental y el conocimiento del universo de los adolescentes, asociados a una cierta capacidad para la **empatía**◆, pueden permitir a los adultos modificar sus modos de comunicar a los jóvenes los mensajes que éstos califican de no interesantes o inútiles.

◆ La empatía es la capacidad de identificarse con otro imaginando lo que siente.

El adolescente, a veces, establece una relación utilitaria con los conocimientos que le son transmitidos por sus padres o educadores. Integra voluntariamente las informaciones que convienen a sus intereses del momento, o que le son —o le serán— útiles. Frente a otros conocimientos, suele presentar una actitud de indiferencia o de enojo cuando no percibe o no comprende «para qué pueden servirle»; especialmente algunos conocimientos literarios, filosóficos, o sobre la espiritualidad. Además, su motivación natural suele ser fugaz y es muy difícil atraer y mantener su atención de forma duradera sobre un mismo tema.

Las personas que imparten enseñanza religiosa a los adolescentes en los centros escolares confesionales o en las iglesias cristianas suelen encontrarse con la indiferencia de los adolescentes o una cierta hostilidad hacia los contenidos que enseñan.

EJEMPLO: A ARTURO NO LE INTERESA LA ENSEÑANZA RELIGIOSA

Arturo (12 años) va a catequesis cada miércoles por la tarde porque sus padres le obligan. Pero le gusta encontrarse con algunos amigos con los que se divierte. A menudo le regañan porque hace ruido y molesta al grupo, y espera que lo echen a casa. Sin embargo, va a clase cada semana, a regañadientes. ■

Su indisciplina y sus insolencias, a pesar de su asistencia regular, revelan las resistencias de Arturo ante una enseñanza que le puede turbar. Presa de la contradicción, entre el deseo de saber y la negativa a escuchar, Arturo asiste pero parece que no escucha. El animador del grupo tolerará estas defensas en cuanto capte su sentido. Paralelamente, puede intentar atraer la atención de Arturo y motivarlo vinculando el contenido de su enseñanza con las experiencias vividas por el adolescente. El texto bíblico se presta a este enfoque. Es una importante fuente de experiencias humanas. Puede intervenir, igual que otros textos literarios o filosóficos o algunas películas, en la construcción psíquica del adolescente al hacerle cuestionarse a sí mismo, abriéndole vías de reflexión y ofreciéndole herramientas para responder a sus interrogantes, a menudo inconscientes, sobre el ser humano. En efecto, el adolescente vulnerable y frágil busca respuestas a las preguntas esenciales que se plantea. Pero, al principio de la adolescencia, le cuesta formular verbalmente sus interrogantes. Los diferentes textos que se acaban de mencionar aquí pueden despertar y estimular esta reflexión siempre que se entiendan en su dimensión significativa y en la multiplicidad de sus posibles orientaciones.

Crear un clima favorable para los intercambios

El adolescente otorga una gran importancia a la comunicación no verbal, a veces en detrimento de la comunicación verbal. Decodifica los gestos, las posturas y las posiciones de su interlocutor de la misma manera en que lo hace con el lenguaje verbal, y estos intercambios no verbales intervienen en la recepción de la información hasta el punto de que el adolescente incluso puede que sólo se fije en ellos. Por tanto, es necesario que estos mensajes emitidos por los adultos no contradigan sus mensajes verbales y que no sean portadores de informaciones que pudieran confundir al adolescente. Por ejemplo, aunque la comunicación no verbal con los niños sea frecuentemente táctil (tomar a un niño de la mano) y al mismo tiempo sensual (caricias, besos), durante la adolescencia este modo de comunicación cambia, evoluciona. Es importante darse cuenta de qué puede o no puede soportar cada adolescente (y de lo que nosotros podemos soportar de él) pues no es necesario hacer que se sienta incómodo desde el primer contacto. Las actitudes del adulto pueden no tener el mismo significado para el adolescente. Estar demasiado cerca de un joven puede confundirlo en el plano emocional. El hecho de asirlo por el brazo sin soltarlo mientras se le habla, o simplemente el de hacer aspavientos, puede ser percibido por el adolescente como un intento de dominarlo. Hablarle desde lo alto de un estrado, o alejarse de él lo máximo posible mientras él habla, puede ser interpretado como reacciones de miedo. Así pues, la posición corporal del padre o del educador puede ser insoportable para el adolescente o ser percibida como una amenaza contra la que se protegerá inmediatamente, cerrándose herméticamente o siendo hostil a la comunicación.

El adolescente también es muy permeable a las emociones que se asocian a los diferentes intercambios, verbales y no verbales. Si no se perciben, se enuncian y se controlan de un modo explícito por quienes les hablan, los adolescentes podrán dejarse impregnar, contagiar por el miedo, la ansiedad, la cólera o el nerviosismo que ven detrás de las actitudes y las palabras de sus interlocutores.

EJEMPLO: UN PROFESOR TRANSMITE A SUS ALUMNOS SU ESTADO DE ÁNIMO

Al final del día, un **profesor** muy cansado después de varias horas de clase, anuncia a sus alumnos:

—Es mi última hora de clase hoy, estoy cansado, seguro que ustedes también, hagamos todos un esfuerzo para soportarnos los unos a los otros e intenten estar atentos a esta clase, que quizás les parecerá más difícil de lo habitual... ■

♦ En la infancia, los padres son idealizados, especialmente el padre del sexo opuesto. ¿Acaso no dicen los niños: «Mi madre es mía, lo sabe todo»? Esta idealización es evidentemente imaginaria. El adolescente, de repente, ve a sus padres tal como son y no como los imaginaba. Entonces los desidealiza brutalmente.

El adolescente es inducido a desplazar sus afectos hacia otras personas diferentes de sus padres. Ya no se confía a ellos de manera sistemática, sino que se dirige a otros adultos. Suele tratarse de otro miembro de la familia (abuelo, tío o tía, etc.), o de un adulto que conoce, un profesor. Por ejemplo: el adolescente no escoge a ese adulto por casualidad. Empieza a hablar porque se siente bien y seguro con él en ese momento, porque lo **idealiza♦**. Espera que su interlocutor entre inmediatamente en un estado de disponibilidad de escucha hacia él y entienda lo que le dice sin reaccionar de un modo emocional ni moral. Estos momentos, emocionantes para todos, pueden acercar a las personas, aunque no vuelvan a repetirse.

EJEMPLO: BEATRIZ PREFIERE COMUNICARSE CON SU ABUELA

Después de haberle contado a su abuela, durante un fin de semana que pasó en su casa, un doloroso desengaño amoroso, **Beatriz** le escribe las siguientes líneas: «Me alegra que esta historia nos acerque. Necesito tus consejos de abuela, aunque no los siga.» Beatriz siente admiración por su abuela y se siente segura en su compañía. ■

Desplaza esta admiración hacia una o más personas nuevas y puede quedarse a la expectativa con respecto a ellas.

La comunicación entre Beatriz y su abuela ha consolidado una relación afectiva. Además, la joven ha podido entender las propuestas de su abuela porque no le ha impuesto consejos, aprovechando el momento de emoción, sino que le ha dado su opinión tranquilamente.

Practicar el «respeto»

Algunos adolescentes ponen el «respeto» en el escalón más alto de las reglas fundamentales, mucho antes del prohibido matar. Y la trasgresión de esta regla los escandaliza tanto como un asesinato. Pero con frecuencia se les dificulta definir esta palabra, importante para ellos, a la que se refieren desde el momento en que se sienten burlados, infravalorados o menospreciados por sus interlocutores. En realidad, su percepción de las situaciones de falta de respeto pasa por sus vivencias, según su experiencia del momento.

EJEMPLO: UN GRUPO DE JÓVENES TRATA DE DEFINIR EL RESPETO

Durante una conversación con alumnos de un centro de educación secundaria, se pidió a los adolescentes que describieran las situaciones en las que creían que «se les había faltado al respeto».

No sólo los ejemplos eran de gran diversidad, desde un simple empujón sin pedir perdón hasta insultos típicos, sino que pocas situaciones pudieron ser objeto de una unanimidad total. ■

Aunque es perfectamente imposible establecer la lista de las actitudes, comportamientos, entonaciones de voz, palabras, etc., que los jóvenes clasifican en el registro de «la falta de respeto hacia su persona», es necesario tener en cuenta esta noción, ya que si un joven tiene la impresión de que su interlocutor no le respeta, mantendrá con él una actitud provocadora, irónica o agresiva.

REAFIRMAR PARA EVITAR LA INFRAVALORACIÓN

3

Las **modificaciones de la pubertad**♦ provocan cambios físicos y también psicológicos, que empiezan confundiendo al adolescente. Las imágenes externas e internas que tenía de sí mismo son objeto de una profunda transformación. Debe aprender a apreciar aquello en lo que se convertirá, sin saber cómo será y abandonando la imagen de lo que ha sido.

♦ *El desarrollo de la pubertad, que aparece hacia los 10-11 años en las niñas y hacia los 12-13 en los niños, es el resultado de una acción en cadena: una secreción del hipotálamo comporta una secreción de la hipófisis, que comporta a su vez una secreción de las glándulas sexuales y múltiples transformaciones fisiológicas en el cuerpo, como aumento de la talla y del peso, la menstruación en las niñas y la eyaculación en los niños, y la aparición de los caracteres sexuales secundarios.*

◆ El narcisismo (o apreciación de uno mismo) es objeto de una profunda transformación en el momento de la adolescencia. Puede manifestarse bien en forma de una preocupación por uno mismo o de una autoestima asociada a fantasías de grandeza, o, al revés, con una infravaloración de uno mismo más o menos intensa.

LA VISIÓN QUE EL ADOLESCENTE TIENE DE SÍ MISMO

El adolescente suele sentirse irritado por su imagen, por sus actitudes y por sus actos cuando ya no los reconoce como suyos o cuando su aspecto y sus conductas no se corresponden con sus esperanzas o las expectativas de quienes lo rodean. Esta diferencia entre lo que es y lo que desearía ser, confunde al adolescente, que busca una imagen satisfactoria de sí mismo.

El adolescente tiene una visión infravalorada de sí mismo

En este caso, se desinteresa por su imagen, se niega a dejarse fotografiar o no se preocupa de sí mismo. Pasa muchas horas intentando familiarizarse consigo mismo, mirándose en el espejo o maltratándose físicamente. La imagen de sí mismo —o el **narcisismo◆**— es negativa.

EJEMPLO: AMALIA SE OBSERVA

Cuando **Amalia** (14 años) pasa por delante de un espejo, se observa largo tiempo como para conocerse a ella misma, escruta su rostro para buscar algún elemento que pueda gustarle y luego hace muecas. A veces se da un par de bofetadas. Se encierra largas horas en el baño y deja correr el agua para que parezca que se está bañando. Durante este tiempo, se observa, se peina e intenta modificar su rostro. ■

Amalia aprende a reconocerse. Pero, de momento, tiene una imagen bastante infravalorada de sí misma. Duda de su valor y se avergüenza de sí misma. Maltrata su cuerpo para castigarlo y para castigarse, porque no responde a sus expectativas. Amalia querría gustarse a sí misma en el plano físico y psíquico, convertirse en un modelo ideal. Está en vías de construir su propio **ideal del Yo◆**, un ideal que, con el paso del tiempo, se empeñará en cumplir para obtener una imagen suficientemente buena de sí misma. Ideal que también le proporcionará las pautas morales y sociales que regirán su comportamiento en la vida cotidiana. Pero este modelo todavía es un ideal de perfección para Amalia. Se expresa de un modo tan exigente y exagerado que es imposible alcanzarlo y también es una fuente frecuente de vergüenza e infravaloración. Progresivamente, Amalia adaptará ese ideal a sus capacidades y aprenderá a apreciarse y a aceptarse tal y como es. Siempre con la condición de que las exigencias de sus padres con respecto a ella no sean desmesuradas.

◆ El ideal del Yo se constituye robando los proyectos, ideales, referencias sociales y morales de los padres y de quienes nos rodean. Se basa en la idealización que de los padres hacen los niños y de los niños los padres. En la adolescencia se le añade la idealización que el joven hace de sí mismo y del mundo exterior.

Eva, una alumna de secundaria, inquieta a sus compañeros en el centro de estudios. De hecho, parece que la joven nunca está satisfecha de sus notas, que son excelentes y serían una alegría para sus amigas. Eva es una chica triste, que suele llorar cuando los profesores le devuelven las tareas corregidas. ∎

Los padres de Eva tienen intensas y nunca satisfechas exigencias de excelencia respecto a su hija. Su actitud coloca a Eva en situación de continua culpabilidad porque nunca está a la altura de las aspiraciones de sus padres. La decepción que sufre provoca tensiones que pueden transformarse en un sentimiento de odio, de rabia contra ella misma o de rebelión contra los demás. De momento, la chica sufre los reproches de sus padres y se autocastiga infravalorándose.

El adolescente con buena imagen de sí mismo

Los adolescentes como David están particularmente dotados con alguna cualidad que saben desarrollar y con la que, muy a menudo, destacan. Estos adolescentes pueden ser objeto de admiración familiar porque realizan el sueño que uno de sus padres ha concebido para ellos. Son valorados por sus profesores porque son alumnos brillantes. Objeto de admiración unánime desde su infancia, estos jóvenes tienen la costumbre de percibir y esperar la atención de los demás. Centro de las miradas, pierden pie y se confunden cuando ya no están centrados en ellos mismos. Todavía son niños. Suelen desestabilizarse con las dificultades porque no tienen experiencia y han sido protegidos por sus padres. No soportan la interrogación.

David está orgulloso de sí mismo. En la escuela va bastante avanzado y no deja de presumir de ello ante sus compañeros de clase, que ya no lo soportan más. A David le gusta hablar de lo que hace, de lo que consigue. Necesita atraer la atención constantemente cuando está en un grupo. Tiene una buena imagen de sí mismo y cree que quienes le rodean le admiran. ∎

La imagen supervalorada que estos adolescentes tienen de ellos mismos, como en nuestro ejemplo, revela dificultades narcisistas tan intensas como las de Amalia, pero que se expresan a la inversa. Estos adolescentes, que también buscan una imagen satisfactoria de ellos mismos, no la buscan en su interior, sino en la mirada de los demás. Siempre dependen de la admiración de los demás.

La adolescencia y la apreciación de los demás

El adolescente en búsqueda de una imagen satisfactoria de sí mismo es particularmente frágil y vulnerable. Es sensible a la apreciación que los adultos tienen de él.

Puede ser valorado, estimulado por alguien que él cree y confía en él. Su rostro y sus ojos pueden iluminarse cuando hacen de él una apreciación positiva, especialmente si no ha oído apreciaciones positivas desde hace tiempo. Los ánimos, la satisfacción de sus padres y/o de sus profesores pueden ayudarle a volver a tener confianza en sí mismo, a asumir sus actos, a volver a trabajar.

Al contrario, puede sentirse frágil, desarmado, avergonzado o destruido por alguien que no cree en él, lo infravalora, le dirige críticas peyorativas o lo encasilla en una imagen negativa. En ese caso es posible que el adolescente no quiera hacer nada, entre en una situación de evitación de las situaciones difíciles, se encierre en sí mismo, se autocastigue con críticas incesantes, llegue a ser agresivo y se aferre a esa imagen negativa que los demás le ofrecen de sí mismo.

Rechazar las etiquetas y las comparaciones

Los adolescentes no soportan las etiquetas que les recuerdan un pasado que muchas veces ya han olvidado. En esos casos se defienden claramente de las representaciones que los estereotipan, como hace Alejandro, o bien expresan su desacuerdo de un modo interactivo y actuando. De ese modo, el alumno de la clase de 1º, descontento de la etiqueta que le cuelgan, puede llegar a ser realmente insoportable con el profesor que lo ha juzgado por su reputación.

EJEMPLOS: UN PROFESOR RECHAZA A UN ALUMNO; UNA MADRE NO CONFÍA EN SU HIJO

—No quiero tener a este alumno en mi clase —dice un profesor a principios del curso escolar— he oído hablar mucho de él cuando estaba en la enseñanza primaria, es insoportable.

—¿Por qué no confías en mí? —dice Alejandro, que tiene 17 años. Su madre le responde:
—Ya sufrí demasiado contigo el año pasado, ¡sé de lo que eres capaz! ∎

La adolescencia es un período de grandes cambios. El adolescente se transforma muy rápido y **olvida rápidamente**◆ lo que fue, pero nuestra propia apreciación respecto a él tarda más en cambiar, y recordamos sus excesos, las dificultades de relación y de comunicación que hemos vivido con él. Durante mucho tiempo lo vemos tal como fue en otro momento. A veces, también nos resistimos a reconocer su evolución, a percibir los cambios que se han producido en su comportamiento. Asimismo, tenemos tendencia a compararlos con otras personas de su familia.

EJEMPLO: COMPARAR A UNA ALUMNA CON SU HERMANO

—¿Eres la hermana de Manuel? —pregunta el profesor de francés a una niña que, a principios de curso, ha entrado en la escuela secundaria.

—Sí —responde la pequeña.

—Entonces espero que seas tan brillante como tu hermano —concluye el profesor. ■

Los adolescentes de una misma familia a veces soportan bastante mal ser comparados con sus hermanos y hermanas por sus padres, porque existe una rivalidad natural entre hermanos y respecto a las figuras parentales. Pero estas rivalidades pueden llegar a ser dolorosas cuando un adolescente es eclipsado por una hermana, un hermano (o un padre) brillante o con talento que centraliza en su persona todos los cumplidos de los demás miembros de la familia.

Además, el adolescente, intentando construir su individualidad, trata de percibirse de manera única. Quiere ser diferente de los demás. Pide

Ante los múltiples cambios que experimenta, en especial en el inicio de la adolescencia, el joven tiene tendencia, a medida que va cambiando, a olvidar rápidamente cómo era antes. Esas «pérdidas de memoria» le evitan lamentarse sobre lo que ya no es y dejar de culpabilizarse por cómo fue. De ese modo preserva una cierta continuidad de sí mismo.

que se le reconozca y aprecie tal como es, con sus diferencias. No quiere deber nada a nadie, ni beneficiarse ni sufrir la imagen del prójimo. Por tanto, rechaza las comparaciones que lo desestabilizan en su búsqueda de singularidad.

Las consecuencias del sentimiento de infravaloración

El adolescente puede percibirse de un modo tan infravalorado que la mínima dificultad, el menor fracaso, puede adquirir proporciones dramáticas. Las apreciaciones negativas que los adultos realizan sobre él aumentan sus dudas sobre sí mismo y lo invaden por completo. De hecho, no es raro oír a un adolescente enojado considerarse «un negado que no sirve para nada» cuando ha obtenido un resultado escolar decepcionante en una asignatura. Por ello no soporta que los demás tengan la misma visión que él de su persona y que refuercen, con sus críticas, esa imagen negativa.

EJEMPLO: UN DIRECTOR SE QUEJA DE QUE LOS JÓVENES NO SOPORTAN LAS CRÍTICAS LABORALES

El **director de un centro comercial** explica: «Algunos trabajadores jóvenes no soportan las críticas que les hacemos. Los enseñamos a hacer las cosas de una manera, pero se olvidan pronto y nos dicen: "¡A mí nunca me ha explicado cómo debo hacerlo!" O nos contestan: "Si no está satisfecho, ¡hágalo usted mismo!"» ∎

Estos adolescentes no soportan los errores ni las dificultades porque reproducen un intenso sentimiento de infravaloración. Quizá no encontraron, durante su infancia, en las apreciaciones de quienes los rodeaban, una imagen suficientemente valiosa de ellos mismos que hayan podido hacer suya.

Esta carencia ha provocado una falla en su autoestima. Así, cualquier error les resulta insoportable porque abre la herida que produce esta falla narcisista. Para protegerse de ello, el psiquismo de estos adolescentes crea **mecanismos de defensa♦** que les evitan sentirse responsables y culpables de los errores que han cometido.

♦ *Los mecanismos de defensa son concretamente el chantaje, la disociación, la regresión, la proyección, la banalización, etc.*

Una persona ajena se convierte en responsable y culpable en su lugar. Esta defensa extrapunitiva no es típicamente adolescente. Suele emplearse en todas las generaciones. «No es culpa mía, decimos cuando debemos afrontar una dificultad, es culpa de la sociedad, de los padres o del patrón.»

CÓMO AYUDAR A UN JOVEN A TENER CONFIANZA EN SÍ MISMO

1. Interésese por lo que dice, lo que hace, sin formular juicios de valor.
2. No exprese demasiado pronto una apreciación negativa con respecto a él, con palabras o de modo no verbal.
3. Valórelo, alábelo cuando haga un progreso, tenga éxito en algo o haga el esfuerzo de mejorar su comportamiento (escolar, social, relacional). Concrétele (e intente convencerse a usted mismo) que la apreciación que le formula afecta al acto que ha realizado (actitud, conducta, palabra, ejercicio) y no a su persona. Es juzgado por lo que hace, no por lo que es.
4. Adapte sus exigencias a sus posibilidades reales. No se muestre constantemente insatisfecho.
5. No se deje desestabilizar por las reacciones defensivas que revelan que está «herido». Intente identificar sus resistencias para no acentuarlas con sus actitudes nerviosas, hostiles o indiferentes.
6. Cuando tenga que decirle algo, dígalo siempre claramente y con tranquilidad. No piense, por ejemplo, que el joven comprenderá por sí mismo que su actitud no es conforme a las reglas de educación si no se lo dice explícitamente. Si lo expresa de una manera codificada (con la mirada), lo confundirá e intentará huir o se pondrá agresivo.
7. Intente ayudar a un adolescente especialmente frágil por las sucesivas dificultades a volver a creer en sí mismo.

Si se acostumbra a los múltiples fracasos adoptando actitudes defensivas («No me interesa, no sirve para nada, no vale la pena intentarlo, no lo conseguiré, ¡estoy fastidiado!»), le costará tener confianza en usted y se resistirá a intentarlo de nuevo.

Si teme un nuevo fracaso, también puede tener pánico al éxito, especialmente cuando nunca lo ha conseguido.

LAS RELACIONES CON LOS PADRES

Las relaciones con los padres son objeto de una profunda transformación.

Al principio de la adolescencia, el joven se desestabiliza por la modificación de los vínculos que había creado con sus padres en la infancia. Debe abandonar progresivamente los vínculos de dependencia, separarse de la relación privilegiada con el padre del sexo opuesto, reconocer que sus padres ya no lo son todo para él.

Dejar de ser «el niño ideal»

El adolescente quiere alejarse de sus padres. Pero empieza perdiendo la distancia con ellos. Tiene la sensación de que sus padres le invaden. Siente que están demasiado cerca de él, que son omnipresentes. También los aparta brutalmente, a veces de manera agresiva. Lo mismo hace con los proyectos de sus padres. Ya no quiere llegar a ser o corresponder a lo que sus padres habían previsto para él.

EJEMPLO: MIGUEL NO QUIERE SEGUIR EL MODELO FAMILIAR

Miguel es el tercero de cuatro hermanos. Su padre cursó unos brillantes estudios de ingeniería y sus dos hermanos mayores han seguido modestamente la carrera paterna. Miguel, ahora en bachillerato, presenta claras dificultades escolares que le impedirán escoger la rama de ciencias.

Sus padres lo empujan a recuperarse en el plano escolar y se ponen nerviosos al verlo ponerse a trabajar de forma tan lenta. Miguel no quiere ser como su padre en el futuro. Pero durante una visita a un asesor de orientación, manifiesta cierta atracción por el trabajo de ingeniero. ■

Las dificultades escolares de Miguel revelan que no quiere que sus padres deseen para él un ideal de vida profesional. Al no poder poner distancia en el terreno psíquico con respecto a ese deseo parental, intenta anularlo mostrándose incapaz de lograrlo en la escuela. El rechazo escolar de Miguel se dirige al deseo de sus padres y no al suyo propio. De momento, no quiere oír que su deseo pueda corresponderse al de sus padres. Tampoco es consciente de que con su actitud se arriesga a oponerse rápidamente a su propio deseo.

La fragilización narcisista de los adultos por los adolescentes

Los jóvenes, tan frágiles por la intensa transformación interna y externa que experimentan sin poderla controlar, pueden parecer increíblemente sensibles a ellos mismos y a los juicios que emiten sobre ellos. Los padres pueden verse afectados, confusos por la excesiva infravaloración que afecta a un adolescente. Es posible que lo sufran tanto como él. Cuando el sufrimiento narcisista del adolescente se hace eco de su propia fragilidad, los padres suelen trastornarse demasiado como para ayudar a que el adolescente controle su confusión. Entonces corren el riesgo de situarse en posición de evitación. Si están muy cerca del adolescente, lo sobreprotegerán y responsabilizarán a la situación, o a una tercera persona, del sufrimiento de su hijo o hija. Estos padres pueden afirmar, desde que su hijo presenta una dificultad, que al adolescente no le pasa nada, sino que el profesor es totalmente negado. Cuando los padres se sitúan demasiado lejos de su hijo o hija, se protegen a sí mismos sin ver el sufrimiento de su hijo. En ambos casos, no ayudarán al adolescente a tolerar momentáneamente el malestar que sufre, a controlar la imagen negativa que tiene de sí mismo ni a encontrar por sí mismo los argumentos y los medios para lograr una mejor apreciación y autoestima.

Cuando los adolescentes empiezan a desidealizar a sus padres, éstos se convierten en objeto de críticas y de reproches. Cuando ven a sus padres tal como son y se dan cuenta de que no se corresponden con los padres ideales que imaginaron durante su infancia, sienten una profunda decepción y a veces una inquietud real porque esta desidealización implica cuestionarse a continuación lo que sus padres les han legado (referencias, usos, ideales, opiniones, etc.). Produce en ellos una pérdida de identidad más o menos intensa y angustiosa. Por eso, criticarán a sus padres por haberlos decepcionado y no ser tan perfectos como ellos desearían. Para atenuar su malestar, en un movimiento paradójico, empezarán a **idealizar, a valorar la sociedad**♦ y a oponerse a lo que parece proceder de sus padres o lo que se asocia a las figuras parentales, incluso a rechazarlos. Tal rechazo forma parte del proceso de duelo a que deberán someter las imágenes parentales ideales, algo que permitirá que cada joven, al salir de la adolescencia, abandone tales imágenes y deje de buscar eternamente una persona a quien admirar a través de otras figuras idealizadas: el líder político, filosófico, religioso o la del gurú. Pero este trabajo sólo es posible si aceptamos bajar del pedestal en el que el adolescente nos había instalado cuando era un niño, tolerando ser momentáneamente objeto de sus múltiples críticas.

♦ Desde siempre, la adolescencia ha sido un período durante el cual los jóvenes desean un mundo mejor que el que sus padres les legan, «arreglan el mundo». Este deseo siempre ha existido. Detrás de ello se esconde una idealización de la sociedad mediática, en particular al comienzo de la adolescencia. El adolescente suele asumir de forma excesiva, y durante un período más o menos largo de tiempo, los mensajes que recibe de la publicidad, sus cantantes o actores preferidos.

EJEMPLO: UNA PROFESORA NO TOLERA SER CRITICADA POR SU ALUMNA

Ante alumnos de secundaria, una **profesora** reconoce que a veces le cuesta soportarlos por lo pesados que son. Y añade: «¡Los otros profesores tienen las mismas dificultades que yo!» Una alumna no está de acuerdo con ella: «Con el profesor M. va muy bien, imparte su clase sin problemas.»

La profesora percibe la reacción de la alumna como una crítica e intenta justificarse. ■

Esta profesora queda desestabilizada por los comentarios de la alumna, que inmediatamente los entiende como un reproche pertinente y

CÓMO TOLERAR LAS CRÍTICAS

1. Cuando un adolescente le formula una crítica, observe su confusión y el modo en que la asimila:
   - Reflexione sobre sus reacciones para modificar sus efectos.
   - No demuestre su confusión al adolescente; controle sus reacciones emocionales.
   - Cuando la crítica del adolescente es pertinente, tómese tiempo para analizarla; puede ayudarle a conocerse mejor a usted mismo.
2. Acéptese tal como es, con todas sus cualidades y sus defectos, sus capacidades y sus inaptitudes:
   - Reconozca sus errores cuando se equivoca, así como sus límites. Deje de reprocharse sus fracasos, dificultades o defectos. Tolere lo que no le gusta de usted mismo; no se violente ni permanezca indiferente.
   - Olvídese del modelo de perfección: el padre, el abuelo y el profesor perfecto no existen.
3. Finalmente, obsérvese a usted mismo cuando critica a los demás (cónyuge, adolescente, jefe...).
   - Acepte escuchar de los demás lo que no se permite decirse a usted mismo.

justificado. Sin embargo, la joven le está reprochando no ser una profesora tan perfecta como M. para someter a duelo su ideal de perfección. Pero este duelo sólo es posible para la adolescente si el profesor acepta sus críticas sin cuestionarlas y sin sentirse culpable por no ser un profesor perfecto. A través de las críticas, los adolescentes nos preguntan sobre la existencia de un modelo ideal de padre o educador: «¿Es posible enfrentarse siempre a las situaciones sin encontrarse nunca con dificultades?», nos preguntan. La respuesta a esta pregunta es evidentemente negativa. El ser humano es falible. Nunca ha sido perfecto ni totalmente incapaz. Debe aceptar continuamente sus dificultades para gestionarlas mejor más adelante.

Cuando nos irritan las burlas y los comentarios de los adolescentes, que son a veces críticas terriblemente pertinentes, demostramos nuestro deseo de ser percibidos por ellos como un padre perfecto o un educador muy bueno. Entonces podemos adoptar actitudes rígidas, agresivas o autoritarias ante estos jóvenes, censurando o prohibiendo sus explicaciones desde el momento en que nos infravaloran, nos cuestionan o se ríen de nosotros. La intensidad de nuestro malestar o de nuestra cólera está, entonces, estrechamente vinculada a la intensidad del sentimiento de infravaloración que podemos experimentar por no ser tan perfectos como desearíamos.

Muchos adolescentes han percibido tan bien en nosotros la presencia de estas fragilidades narcisistas que nos protegen a partir del momento en que nos hacen un comentario. De hecho, sus burlas o sus críticas acaban con un: «Lo digo en broma, ¡ya lo sabes!»

CREAR UN AMBIENTE AGRADABLE

El adolescente no puede —y no debe— serlo todo para sus padres, pues éstos también tienen su propia vida fuera de su hijo o hija. Poco a poco, el adolescente dejará de ser el centro del mundo parental. Entonces podrá construirse su propia vida en el mundo.

Aprender a quererse tal como se es

En los mejores casos, el adolescente ha sido amado y adulado en su infancia por sus padres porque era el niño más bonito del mundo. Poco a poco, recuperará, recogiéndolo por su cuenta, este amor incondicional que sus padres le han dado para quererse, apreciarse y valorarse a sí mismo. Desarrollará un sentimiento de tener un cierto valor a sus propios ojos. Este sentimiento le dará fuerza para enfrentarse al mundo exterior.

El adolescente también aprenderá a modificar sus aspiraciones, sus proyectos y sus ideales para adaptarlos a sus posibilidades.

Celia (15 años) adora las revistas de moda porque le gustaría llegar a ser modelo. Aunque es guapa, no se corresponde con los cánones de belleza actuales porque todavía es baja y un poco regordeta. Pero esta diferencia entre lo que querría ser físicamente y lo que es no la preocupaba hasta la última visita al pediatra. Cuando le dijo que no crecería más, Celia rompió a llorar. Desde entonces, la joven parece indiferente y ensimismada en sus pensamientos. ∎

Celia está atravesando sin duda un pequeño episodio depresivo equivalente al que padece una persona que ha perdido a un amigo o amiga. Deberá adaptarse a la pérdida de su proyecto a través del que se valoraba al tiempo que se construía una identidad. Pero este trabajo de duelo sólo es posible al precio de sufrir el conflicto interno, a veces largo y doloroso, con el que Celia se debate. Ahora que su deseo es to-

CONSEJOS

ADAPTARSE A SÍ MISMO

- El adolescente puede recordar los momentos durante los que ha percibido y experimentado el amor, el aprecio que sus padres, abuelos y amigos le daban. Puede apoyarse en estos recuerdos cuando atraviesa períodos difíciles.
- También puede trabajar con las representaciones idealizadas de la imagen que tiene de sí mismo –física y psíquica–, intentando responder a las preguntas: «¿A quién me gustaría parecerme? ¿Qué quiero hacer con mi vida? (personal, profesional, social, espiritual, etc.) ¿Es viable en este momento?»
- Puede desvelar su deseo de querer hacer todo, de ser perfecto, excepcional, admirable y admirado, de vivir acontecimientos extraordinarios, inolvidables... No es inútil indicarle que puede soñar, imaginar mentalmente esa vida excepcional mientras vive una existencia ajustada a sus medios y teniendo en cuenta las posibilidades del momento.
- Por último, puede buscar nuevas ideas con la intención de reajustar sus proyectos iniciales consultando la documentación disponible sobre información y orientación para la juventud.

talmente imposible, deberá modificarlo, es decir, desplazar su ideal a otro objeto. Basándose en el recuerdo del amor que sus padres le dieron podrá superar poco a poco el conflicto, sin infravalorarse ni perder su autoestima.

Matizar las apreciaciones sobre el adolescente y sobre su futuro

A veces el adolescente da la sensación a los adultos de que no concede importancia a sus palabras, a sus apreciaciones, pero reacciona visible y violentamente cuando estas palabras o apreciaciones lo infravaloran o le parecen erróneas.

Es especialmente permeable a las opiniones que podamos tener sobre él o sobre su futuro. Puede dejarse influir por nuestras emociones y quedar marcado por nuestras opiniones sobre su éxito o fracaso. Es capaz de adaptarse y conformarse perfectamente con la imagen que tenemos de él.

Se trata, pues, para los adultos, de estar atentos a las palabras que dicen sobre un joven, delante de él o fuera de su presencia. Y ser particularmente cuidadosos respecto a las apreciaciones que afectan al mundo del trabajo o al lugar que pueda ocupar en la sociedad.

EJEMPLO: APRECIACIONES DE PADRES Y PROFESORES ACERCA DEL FUTURO DE LOS JÓVENES

PALABRAS DE PADRES

«Tengo miedo por mi hijo, por el futuro de mis hijos. ¿Qué harán? Hay tanto desempleo...»

«Nos sentimos totalmente impotentes. La evolución actual nos ha superado. Ya no sé qué actitud tener.»

«Tengo la impresión de estar desbordado por una situación que supera ampliamente mi capacidad y ante la cual nadie tiene respuestas eficaces que dar.»

PALABRAS DE PROFESORES

«Es importante decirles que no habrá sitio para todo el mundo.»

«Me dedico todo el tiempo a estimularlos para que trabajen.»

«¿Por qué quieren que se esfuercen en la escuela? Es muy posible que no encuentren trabajo más adelante.»

El «desempleo» está lleno de profesionales que no encuentran su lugar en el mundo laboral. ∎

Las incertidumbres sobre el futuro desestabilizan bastante a los adultos. Los grandes cambios sociales y económicos que atravesamos generan miedos, tensiones y angustias, porque no sabemos ver el futuro de manera diferente. Esta situación alienta los «escenarios catastróficos» que proyectan los padres, los profesores y los adolescentes sobre un futuro hipotético o cerrado. Ahora bien, esas inquietudes profesionales sociales se hacen eco de las inquietudes personales del adolescente, que a su vez está cambiando y que no sabe hacia adónde va. Las diferentes incertidumbres acentúan las dudas del adolescente sobre sí mismo, en particular en lo referente a su propia imagen.

AYUDAR A UN ADOLESCENTE A CONSTRUIRSE UNA IMAGEN SATISFACTORIA DE SÍ MISMO

1. No se deje llevar en el plano emocional por los discursos culturales del momento sobre el empleo, ni influir por una visión dramática del futuro.
2. Enséñele a aceptarse tal como es, ni perfecto ni totalmente insoportable.
   No se olvide de verlo en todas sus dimensiones; no se limite sólo a lo que usted ve de él, intente saber cómo se comporta en otro medio y con otras personas.
   - Interésese por él en los momentos buenos y en los momentos malos.
3. Intente darle confianza, apoyo, calmarle cuando se siente avergonzado e infravalorado.
   - Escúchele, sin dejarse confundir, cuando habla mal de sí mismo.
   - Contrarreste sus apreciaciones exageradas sobre él mismo: relativícelas hablándole de lo que ha conseguido cuando le dice que es «un negado y que no sirve para nada».
4. Ayúdele también a relativizar sus juicios de valor, a construirse un ideal de vida futura a su medida. No sea demasiado exigente; reconozca sus progresos y su evolución, aunque sean mínimos.
5. No conceda demasiada importancia a sus palabras cuando se niegue a cuestionarse después de una dificultad o de un fracaso.
   - Escoja un momento en el que el adolescente esté tranquilo y dispuesto a escuchar. Entones, propóngale reflexionar tranquilamente sobre los medios de los que dispone para no volver a encontrarse con la misma dificultad la próxima vez.
   - Acompañe su reflexión pero no reflexione por él, no tenga demasiada prisa ni crea que puede resolver el problema de inmediato.

proponer límites

CONTENER A TRAVÉS DE LA PALABRA

4

En algunos momentos, los adolescentes parecen tan exclusivamente preocupados por ellos mismos que se muestran poco disponibles para adaptarse a las situaciones de la vida cotidiana. Entonces, presentan una cierta inclinación al individualismo, incluso al egoísmo, reivindicando sus derechos y la libertad absoluta para hacer lo que quieran cuando quieran. Además, pueden mostrarse agresivos hacia quienes les ponen alguna traba para satisfacer sus deseos.

EL ADOLESCENTE QUIERE VIVIR SU VIDA...

El adolescente es capaz de pensar, desear y vivir su vida al margen de sus padres. La nueva energía que experimenta, asociada a la irrupción de las pulsiones sexuales, lo lleva a funcionar psíquicamente según el principio del **placer***; es decir, a intentar satisfacer todas sus pulsiones y todos sus deseos en el mismo momento en que aparecen.

El placer se produce cuando la excitación pulsional se reduce, es decir cuando se satisfacen las pulsiones.

EJEMPLO: SOFÍA QUIERE VIVIR SU VIDA

Sofía es una joven de 16 años que se deja guiar por las emociones y las ideas del momento. Un día, a las diez de la noche, después de recibir una llamada telefónica, y a pesar de que tiene que ir a clase al día siguiente por la mañana, quiere salir con un amigo. Se enfrenta violentamente con sus padres, que se oponen a ello. Les asegura con firmeza que de vez en cuando tiene derecho a hacer lo que quiere. ∎

Sofía está centrada actualmente en ella misma y en su cuerpo. Desea vivir intensamente según sus deseos y sus gustos. Se vuelca a la acción, literalmente, en cuanto siente una pulsión o un deseo. Se so-

mete inmediatamente a cualquier exigencia, porque tiene la convicción de que esa demanda, que se expresa en su interior, es perfectamente legítima. La certeza interna la lleva a reafirmar su derecho de hacer lo que quiere en el momento que quiere. Tal comportamiento, que a Sofía le gustaría llevar a cabo con espontaneidad, parece que lo pone en práctica sin reflexionar, aunque no por ello es totalmente irreflexivo.

Este tipo de actitud o de conducta también se encuentra en el ámbito escolar. Muchos adolescentes se comportan en el centro educativo o academia igual que fuera de ellos. Para dichos jóvenes, la verdadera vida está fuera, y ya no adoptan sistemáticamente las conductas que se esperan de los alumnos. Se adaptan poco o nada al modo de funcionamiento de la escuela y confunden, con sus conductas, la organización de la enseñanza.

... en una sociedad que sigue siendo adolescente

Estas conductas adolescentes parece que se manifiestan con el paso del tiempo de maneras más exageradas y que afectan, con mayor o menor frecuencia, cada vez a más adolescentes de todas las capas sociales de la población. La imagen del adolescente se ha revalorizado mucho durante los últimos 50 años. La sociedad occidental le ha concedido un lugar cada vez más preponderante a esta generación intermedia entre la infancia y la edad adulta. Porque este período de la vida representa un proceso de aprendizaje y de adaptación a los cambios muy interesante para una sociedad en continua transformación.

EL FUNCIONAMIENTO DEL PSIQUISMO
al principio de la adolescencia

El **Yo** del adolescente está dominado por las exigencias irreprimibles del **Ello**, que quiere satisfacer rápidamente. Cuando obedece a esas exigencias y éstas no son conformes con las del **Superyó**, el Yo puede protegerse de la culpabilidad **racionalizando** las exigencias pulsionales.

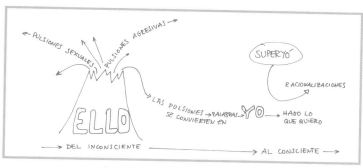

El **Yo** tiene como función gestionar las energías y las informaciones que le llegan al mismo tiempo del:

• **Ello**, inconsciente (según la denominación de S. Freud). El Ello actúa según el principio del placer, contiene las pulsiones, los deseos, los fantasmas y los recuerdos rechazados. Posee inicialmente toda la energía pulsional.

• **Superyó**, expresión que concierne a la moral.

El Yo recupera una gran parte de la energía contenida en el Ello y la utiliza de manera socialmente adaptada teniendo en cuenta las exigencias del Superyó. El Yo tiene otros fines que la única satisfacción pulsional.

El Superyó contiene las exigencias familiares, sociales y morales que el individuo experimenta a lo largo de su desarrollo.

Las **racionalizaciones** son procesos de explicación, de justificación o de banalización que permiten esconder un conflicto y evitar el carácter pulsional que está en juego. Por ejemplo, un adolescente que acaba de robar un objeto en una gran superficie puede banalizar su acto diciendo: «No es grave, todo el mundo lo hace.»

Nota: los esquemas que explican el funcionamiento del psiquismo en el adolescente en las páginas 77 y 78, son sólo responsabilidad del autor.

EL FUNCIONAMIENTO DEL PSIQUISMO al final de la adolescencia

Antes de actuar, el **Yo** debe comprender las exigencias pulsionales procedentes del **Ello** y las exigencias sociales y morales que proceden del **Superyó**. El Yo evalúa si las demandas pulsionales pueden o no ser satisfechas. Es capaz de diferir estas demandas cuando es necesario y **transformarlas** cuando son socialmente y/o moralmente inaceptables.

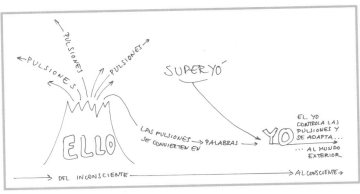

Las pulsiones agresivas (violencia, asesinato, etc.) pueden canalizarse en prácticas deportivas, creadoras, etc., o transformarse en su contrario: la agresividad hacia otras personas puede transformarse en «querer hacer el bien a otros», especialmente a través de conductas humanitarias.

Por ello, la sociedad se ha vuelto hacia el adolescente para encontrar respuestas a las preguntas que se plantea sobre sí misma. Ha intentado controlar sus propios cambios identificándose con este grupo de edad.

Por tanto, ¿cómo salir de la adolescencia si la sociedad en la que viven está en este tramo de edad en el plano cultural? Sin otros interlocutores que sus padres, sin modelos diferentes con quienes identificarse, los adolescentes se instalan en su modo de funcionamiento psíquico, en sus actitudes y conductas exageradas y típicas, y no intentan o no logran salir de la adolescencia. Pero experimentan un cierto malestar. Se protegen, se defienden de las críticas y de los reproches de quienes los rodean mediante una actitud de indiferencia. Parece que todo les resbala, que no les afecta.

Estas conductas espontáneas revelan un deseo intenso de actuar y no tienen en cuenta a los demás ni las coacciones externas. Preocupado por sí mismo y con dificultades para adaptarse a sus propios cambios internos y externos, el adolescente quiere que su entorno se adapte a él. En el otro lado del espejo, el medio exterior exige (a veces con motivos) que el adolescente se adapte a él. Las exigencias del adolescente y las del mundo exterior se oponen y constituyen la base de un conflicto, intenso o que evoluciona con poco ruido, entre el adolescente y su entorno. El resultado es una tensión frecuente, más o menos fuerte, que produce actitudes concretas: indiferencia, dimisión, exasperación, cólera o fatiga por parte de los educadores; y hostilidad, encierro en sí mismo, pasividad, indiferencia, rechazo, ironía o provocación por parte de los adolescentes.

Ni esfuerzos ni frustraciones

Cuando sus conductas espontáneas acaban chocando con las exigencias familiares o sociales, los adolescentes pueden tener reacciones que sorprenden a los padres o educadores.

EJEMPLO: IVÁN QUIERE HACER LO QUE QUIERE

Iván reclama el derecho a hacer lo que quiere, cuando quiere y como quiere. Le gusta satisfacerse. Se ha hecho un tatuaje en el brazo derecho y un *piercing* en la lengua, a pesar de que su madre se lo había prohibido. «No entiendo por qué no puedo hacer lo que quiero, le ha gritado. ¡Tú bien haces lo que quieres!» ■

El adolescente conserva de su infancia un sentimiento de poder con todo, de ser excepcional, único... y proyecta este sentimiento en sus padres: «Ellos pueden hacer todo lo que quieren», piensa. Pero ese sentimiento es una ilusión. Progresivamente, el adolescente, al adquirir una mejor percepción de la realidad y de sus obligaciones (internas y sociales), abandona la convicción de que es posible hacer todo lo que quiere.

Iván construye su nueva libertad desmarcándose de sus padres. Intenta sorprenderlos, ser original en comparación con su entorno familiar y adecuarse a los modos de conducta de los jóvenes de su generación.

Pero también quiere justificar su acto, porque las reacciones de su madre lo confunden un poco. No había dedicado tiempo a pensar en ello. El argumento empleado por Iván para concluir el debate también lo utilizan frecuentemente los padres, cuando se quedan cortos de argumentos, para convencer a su hijo o a su hija de la razón de sus reflexiones, sus actitudes y sus prohibiciones: «Cuando seas independiente, podrás hacer lo que quieras...» Ahora bien, los padres deben ayudar al adolescente a poner en duelo esa convicción, y no a mantenerla. Sería positivo que le repitieran que antes de actuar en la vida cotidiana, debe tener en cuenta las circunstancias y que no puede hacer todo lo que le gustaría.

Los adolescentes a veces imaginan las situaciones antes de vivirlas y desean que se realicen de acuerdo con sus expectativas.

EJEMPLO: ALGUNOS ADOLESCENTES NO SOPORTAN LAS OBLIGACIONES SOCIALES

El señor y la señora B. estuvieron una semana en su casa de campo con uno de sus **nietos** y dos amigos suyos.

A la llegada de los tres adolescentes, de 15 años, les explicaron las reglas mínimas de la casa y ellos las aceptaron. Muy pronto, los adolescentes se cansaron de los términos del contrato. Deseaban hacer el mínimo de esfuerzo y tener el máximo de comodidad. Al partir, uno de los amigos escribió en el libro de oro del señor y la señora B.: «Entramos: ¡bonita casa!, ¡bonito jardín! Finalmente, ¡casi el paraíso! Pero en el interior: obediencia, orden, limpieza, ayuda (aunque es normal), no llega a la esclavitud pero casi.

Conclusión: nos hemos divertido mucho pero, después de una semana, sólo pedimos descanso.» ■

Dado que los adolescentes no podían realizar inmediatamente, o de acuerdo con sus expectativas, sus proyectos o deseos, experimentaban una tensión interna, un sentimiento de frustración que comparaban con una obligación. Para ellos era tan fuerte que la asociaban (siguiendo la ley del exceso) con la esclavitud, pues el tiempo de vacaciones debería ser un período de total libertad.

En otras circunstancias, algunos adolescentes se expresan de manera exagerada, por ejemplo en las grandes superficies, cuando un vendedor les informa de que el producto que desean está agotado. Estos jóvenes manifiestan ruidosamente su frustración a través de gestos de nerviosismo, palabras agresivas dirigidas a la tienda y actitudes de huida abandonando precipitadamente el lugar. En ambos casos, estos adolescentes soportan bastante mal las obligaciones sociales y no pueden dejar de expresar con palabras o actos su frustración.

CÓMO AYUDAR AL ADOLESCENTE A SUPERAR LAS FRUSTRACIONES Y A SOPORTAR EL ESFUERZO

1. Observe su actitud cuando debe enfrentarse a situaciones frustrantes o coactivas (por ejemplo: esperar mucho tiempo en la fila cuando tiene prisa). Esta observación le permitirá no pedir al adolescente lo que usted no puede hacer.

2. Intente cumplir los actos coactivos o frustrantes de la vida cotidiana sin manifestar reacciones de nerviosismo. Explíquele sus propios modos de hacerlo para soportar momentáneamente la frustración, la coacción o realizar esfuerzos.

3. Identifique las situaciones en las que el adolescente tiene dificultad en adaptarse:
   - Luego, centre su atención en lo que ha experimentado en ese momento: nerviosismo, cólera, huida.
   - Cuando lo sepa, sugiérale que no se deje invadir por estas reacciones, sino que las ponga en palabras y se las guarde dentro de sí mismo con el fin de contenerlas, calmarlas y más tarde reflexionar sobre ellas.

4. Proporciónele argumentos esenciales para ayudarle a adaptarse a las exigencias de la vida cotidiana. También puede indicarle que:
   - Cualquier situación requiere un esfuerzo de adaptación, es decir gestionar un conflicto interno entre hacer o no hacer.
   - La motivación natural no siempre existe, a veces realizar algo requiere un esfuerzo.
   - Encontrarse con la frustración es inevitable cuando se vive con otras personas, pero es posible soportarla momentáneamente.

No soportarlo todo de los postadolescentes

Los padres y los educadores deben cultivar, en cierta medida, una actitud tolerante hacia los adolescentes para llevarlos progresivamente a adaptarse a las situaciones y a comportarse de acuerdo con las exigencias sociales.

Es deseable que no se sitúen en el mismo registro que los postadolescentes, sino que los ayuden a soportar las exigencias, especialmente repitiéndoles con convicción y firmeza lo que se espera de ellos en la vida cotidiana.

Eduardo (20 años), juega a hockey cada semana. Cuando vuelve a casa, después de entrenar, deja su enorme bolsa de deporte en la entrada de la casa familiar. Su madre le pide que la guarde en su habitación o en el garaje, pero Eduardo nunca lo hace. La bolsa puede quedarse toda la semana en el mismo sitio.

Berta, licenciada en derecho, acaba de ser contratada por el servicio jurídico de una sociedad, con sede en la zona de negocios de la ciudad. Va en coche a trabajar y busca, a veces durante mucho tiempo, un lugar de estacionamiento en las calles limítrofes. Sin embargo, el estacionamiento privado de la empresa suele tener lugares vacíos, porque está reservado a los clientes.

Muy pronto, Berta pide cita con su jefe de servicio para obtener autorización para usar el estacionamiento. Su superior le responde: «Usted ya sabe que estos lugares están reservados a los clientes.» Pero esta respuesta no le conviene a Berta, por lo que añade: «Usted, que conoce bien al presidente, ¿no le podría pedir una autorización para mí? ¡A usted no se lo negará!» ■

A veces, los padres parecen dominados por sus hijos postadolescentes, cuya energía es considerable. Se agotan en conflictos permanentes e ineficaces, pues escuchan sus exigencias pero nunca las ponen en práctica. Algunos incluso tratan de ponerse en armonía con un hijo adolescente cuya conducta social es inadaptada. Por el contrario, otros padres se niegan por completo a adaptarse y echan a su hijo o hija a la calle. Estas dos conductas opuestas revelan, ambas, la dificultad de los padres para incentivar con calma la salida del joven adulto. Si lo soportan todo, la separación no llega. Los padres protegen de este modo a sus hijos postadolescentes de las dificultades de la vida. Si no soportan nada, la separación es brutal y duradera.

La situación profesional comporta evidentemente muchas más obligaciones que el entorno familiar, pues exige una adaptación permanente. Asimismo, la actitud de intolerancia ante la frustración que expresa Berta provoca estupefacción en la empresa. En estas situaciones, las reacciones de los profesionales son serias y normalmente mal soportadas por los jóvenes.

COMUNICARSE TRANQUILAMENTE CON EL ADOLESCENTE

Cuando actúa espontáneamente, cuando hace lo que quiere, el adolescente suele estar convencido del motivo de su demanda, su deseo o su conducta. Por ello, le sorprende que se produzca una reacción emocional intensa en el interlocutor, y se siente agredido. Es el caso de Berta, que no ha comprendido la negativa de su jefe de servicio a abogar en su favor. La joven adulta se protege pensando que es «víctima» de un jefe hostil, autoritario e incomprensivo. Así se evade de su responsabilidad en esa situación.

Ese tipo de postura es relativamente cómodo para el joven que, persuadido de que la víctima siempre tiene razón, evita cuestionarse su actitud, su conducta o su inadaptación social. Más adelante, cuando se encuentre en la misma situación, repetirá el mismo comportamiento inadecuado.

Se trata pues, para los adultos, de continuar comunicándose con el adolescente a pesar de las reacciones de hostilidad, nerviosismo, enfado o indiferencia que pueda experimentar el otro. El diálogo es posible cuando el adulto intenta controlar sus propias reacciones, no se deja dominar por sus emociones ni manipular por el adolescente. El control de la agresividad es esencial para evitar que el adolescente se ponga en situación de víctima. Si el joven no tiene suficientes argumentos para clasificar a su interlocutor entre los agresores, no podrá identificarse de una manera duradera como víctima.

No huir de las situaciones difíciles

EJEMPLO: EVITAR EL CONFLICTO

Los padres de **Felipe** han establecido con su hijo una especie de *modus vivendi* para resolver los eternos problemas relacionados con la manera de vivir del joven, a quien le gusta ir de fiesta y salir mucho con sus amigos durante todo el año: el adolescente tiene derecho a hacer lo que quiera, con la condición de que sus resultados escolares sean buenos. Felipe se muestra satisfecho con este pacto, aunque no siempre le es posible cumplirlo. ■

Los padres de Felipe han adaptado a su conveniencia las diferentes conductas adolescentes de su hijo para evitar entrar constantemente en conflicto con él. Se sitúan demasiado cerca, pues se identifican con él y quieren permitirle que viva intensamente este período de su vida. Pero también se sitúan demasiado lejos de él al dejarle controlar solo su intensa transformación psíquica. Por otra parte, las capacidades de autonomía del adolescente no deben regatearse ni vincularse a las exigencias escolares. No son los resultados escolares los que deben fijar los límites para el joven, en lugar de los padres, o permitirle tener algunas experiencias. Aunque sea difícil, los padres deben seguir vigilando al adolescente de forma atenta y agradable, dejándole que haga su aprendizaje de la vida con ensayos-errores e interviniendo cuando asuma riesgos demasiado grandes o inútiles para su salud física y psíquica.

El padre o educador que se sitúa demasiado cerca del adolescente no ocupa el lugar de adulto que le corresponde, de manera personal y específica, sino que se conforma con las expectativas del joven que tiene delante. Se convierte en lo que el adolescente espera de él, o en lo que imagina que el joven espera.

CONSEJOS

BUSCAR Y ENCONTRAR EL PUNTO MEDIO

1. Preste atención al modo en que habla con el adolescente. No intente juzgarlo, herirlo, infantilizarlo ni provocarlo.

2. Acepte discutir con el adolescente cuando le cuestione las exigencias y las prohibiciones de los adultos.
Ofrézcale la posibilidad de ajustar y negociar con él estas exigencias a medida que crezca.

3. Hable de los conflictos. No los evite ni los elimine. Desempeñe el papel de moderador.

4. No olvide ser sensible, emocionarse y dejarse «afectar» por las actitudes, las conductas y las palabras del adolescente.
Reaccione verbal y mesuradamente.

Este padre no ejerce autoridad ante el joven, pues teme las reacciones agresivas y no soporta ser no querido o maltratado, ni siquiera momentáneamente, por el adolescente.

Y el padre, educador o profesor que está demasiado lejos del adolescente, no reacciona ni se adapta a las actitudes y conductas del joven, o bien tiene exigencias educativas invariables que se aplican sin tener en cuenta sus reacciones.

Estos adultos o bien se comportan con indiferencia ante el adolescente, o bien no soportan nada y expresan su exasperación con reacciones violentas o rígidas.

Proteger y contener al adolescente

Al principio de la adolescencia, los adolescentes «son movidos» pero no se mueven, pues están bajo los efectos de las exigencias pulsionales. Más adelante, progresivamente, verán con perspectiva las nuevas situaciones en que se implican.

Por ello, los padres deben proteger a los adolescentes, porque son vulnerables. No siempre conocen los límites corporales y sociales que no se pueden franquear y a veces la experiencia corre a su costa. Los padres deben protegerlos de las experiencias traumatizantes, de las **conductas de riesgo♦** y de sus consecuencias.

A través de estas conductas (bastante frecuentes durante la adolescencia), el joven tiene la impresión de controlar su cuerpo, de existir por sí mismo y ya no para sus padres. Su cuerpo le pertenece, es propiedad suya. Quiere ser libre para utilizarlo como quiera. Pone a prueba sus posibilidades en la práctica y confirma si puede hacer todo lo que se le pasa por la cabeza y el cuerpo. Desea vivir una vida intensa, extraordinaria, llena de imprevistos, de emociones; una vida que no se parezca a la vida cotidiana de los adultos que lo rodean. Los jóvenes también deben ser contenidos (a través de la palabra) por sus padres o interlocutores adultos, pues sólo muy progresivamente aprenden a controlar sus pulsiones y sus deseos y a matizar las emociones, sentimientos y opiniones que los invaden.

Sin embargo, los padres no deben dejarse desestabilizar por las grandes exigencias, la rabia de vivir, las reacciones exageradas y variables, las conductas rápidas y espontáneas de los adolescentes, y no deben desempeñar estos nuevos papeles de un modo rígido, indiferente, autoritario o agresivo.

♦ Las conductas de riesgo son todas las conductas que ponen al joven en peligro: conductas motorizadas o en automóvil (exceso de velocidad, infracciones del código de circulación, etc.), conductas adictivas (toxicomanía, ingesta de alcohol, bulimia, anorexia, etc.). Con estas conductas, el adolescente cuestiona los límites de su cuerpo y los límites sociales: ¿hasta dónde puede llegar? ¿qué experimenta cuando se arriesga? ¿todas las experiencias pueden probarse? ¿cómo liberarse rápidamente de las tensiones que siente? ¿por qué hay que respetar las prohibiciones?

CÓMO CONTENER AL ADOLESCENTE

1. Resérvese de vez en cuando momentos de reflexión para definir los límites y las prohibiciones que necesita el adolescente para construirse a sí mismo.

2. No reaccione demasiado rápido, ni responda inmediatamente a una actitud o una conducta exagerada. Sin embargo, demuestre con una pausa, una mirada, etc., que usted nota que pasa algo. Intente contener su espontaneidad. Esté alerta para no dejar que sus gestos, miradas y actitudes hablen en su lugar.

3. No reaccione como un espejo. No se deje vencer por las emociones, las reacciones exageradas ni los cambios del adolescente.

4. Tenga reacciones relativamente estables: ante una situación que se repite, no cambie ni demasiado enérgicamente ni demasiado a menudo de opinión o de reacción.

5. No juzgue de un modo demasiado brusco sus conductas, debe ayudarle a reflexionar. No haga discursos moralizantes, déle los elementos necesarios para que pueda encontrar la moral por sí mismo.

6. Desarrolle su creatividad para comunicarse con él:
   - Dígale lo que deba decirle agradablemente y si es posible con humor. Pídale que haga lo mismo con usted.
   - Repita sus críticas, todas las veces que sea necesario, sin exasperarse.

LA SEXUALIDAD DEL ADOLESCENTE

Antes de la pubertad, algunos jóvenes pueden presentar un desinterés aparente ante su cuerpo o su sexo. A partir de la pubertad, no pueden mantener su identidad fisiológica en un callejón sin salida. Se impone una elección, deben **identificarse con un sexo dado** y aceptarse como chico o chica. Preferentemente, reconociendo el «sexo del cuerpo» como el «sexo que desearían tener».

Identificación sexual: durante la adolescencia, el joven abandonará el fantasma de la bisexualidad imaginaria, un fantasma inconsciente, que le permitía creerse chico y chica al mismo tiempo.

Familiarizarse con las nuevas pulsiones sexuales

Los bruscos cambios pulsionales genitales pueden llevar al adolescente a querer descargar brutalmente las tensiones que experimenta. Las experiencias sexuales múltiples y la masturbación pueden tener como función principal descargar y satisfacer las pulsiones sexuales. La visualización de películas con escenas sexuales tiene la función de proporcionarles conocimientos para abordar su propia sexualidad. El adolescente también puede estar confundido, debilitado por las emociones, sensaciones y excitaciones nuevas que producen estas pulsiones.

Beatriz sufre momentos de hambre horrible. Entonces come a todas horas sin poderse controlar. Evidentemente, todavía no controla las tensiones que produce la irrupción de las pulsiones sexuales.

Para intentar liberar estas tensiones, **retrocede**◆ hacia la **pulsión oral**◆. El miedo a la novedad la lleva a volver a las sensaciones relacionadas con su infancia y que le son familiares. ■

◆ *La regresión es uno de los mecanismos de defensa más habituales en la vida psíquica normal y patológica. Se trata de un retroceso hacia un modo de funcionamiento mental y afectivo anterior.*

◆ *Las pulsiones orales tienen como punto de partida el conjunto de la cavidad bucal, así como los órganos de la fonación y de la respiración. La satisfacción de estas pulsiones es la actividad principal de los bebés. Fumar, beber, mascar chicle o comer permanentemente permiten saciar la excitación pulsional que se siente.*

El carácter irreprimible de la pulsión, que exige una satisfacción inmediata, invade el lenguaje del adolescente. En la escuela, por ejemplo, los adolescentes pueden designarse con epítetos de gran connotación sexual o agresiva. Llenan su vocabulario de expresiones o palabras brutales y duras que revelan sus preocupaciones sobre la sexualidad y el amor. De este modo, los adultos y compañeros pueden convertirse en el objetivo de las pulsiones sexuales y agresivas del adolescente. Expresan con palabras sus pulsiones.

Durante su clase, un **profesor** confisca una libreta de texto que circulaba por el aula entre tres chicas de 14 años. En la libreta lee, asombrado, entre expresiones vulgares: «Te quiero Celia, tengo ganas de ti...» Cuando se lo cuenta a uno de sus compañeros y le muestra la libreta, todavía bajo el efecto de la sorpresa, dice: «Nunca habría imaginado que estas chicas, que parecen niñas tan listas, sean depravadas hasta este punto con el lenguaje iy además homosexuales!» ■

La gran distancia cultural que existe entre adolescentes y adultos, en el plano del leguaje sexual y de las emociones vinculadas a éste, es sin duda responsable de la precipitación de los adultos. Y las actitudes negativas de los adultos que confiscan las libretas y anuncian sanciones acentúan esta distancia, porque dramatizan hechos que en la cultura de unos son inaceptables, pero que están ampliamente extendidos y banalizados en la cultura de los otros.

Por tanto, no es inútil cultivar una cierta tolerancia con respecto a estas expresiones adolescentes, sin banalizarlas ni dramatizarlas. Para intentar atraer la atención del joven sobre lo que dice o hace, es deseable no mostrar ni expresar demasiado rápido reacciones demasiado encendidas. Para ayudarle a reflexionar, sin provocar su hostilidad o evitación, es necesario manifestar un interés real por el «acontecimiento» y la manera en que se ha desarrollado. Después de haberlo escuchado lo más serenamente posible, es positivo hacerle preguntas. Los interrogantes le permitirán contemplar más ampliamente el conjunto de reacciones posibles (desde el sufrimiento hasta la indiferencia, pasando por la sorpresa) que sus palabras han podido o habrían podido producir en las personas a las que estaban destinadas y en quienes las han escuchado. Por último, se puede atraer su atención sobre los diferentes sentidos del acontecimiento. De este modo se podrá descubrir que otras personas han interpretado de modos muy diversos sus palabras o su acto.

EJEMPLO: LA CURIOSIDAD SEXUAL SE DESPIERTA

Los miércoles por la tarde, un **grupo de chicas** adolescentes de 14 años, que van al mismo centro escolar, se encuentran en casa de una de ellas para ver una película pornográfica alquilada en el videoclub vecino. ■

La curiosidad por la sexualidad es frecuente durante todo el período de construcción psíquica del niño. Siempre ha existido. En el momento de la adolescencia, esta curiosidad es más práctica porque intenta responder a la pregunta: «¿Cómo se liga, cómo se hace el amor...?» A veces, los adolescentes plantean este tipo de preguntas a los adultos, padres, educadores o a los especialistas en afectividad y sexualidad, pero suelen hablarlo a menudo entre ellos y se pasan unos a otros la información que poseen. Las películas pornográficas aportan a los adolescentes sensaciones adicionales, pues las imágenes suscitan emociones, excitaciones intensas, reacciones físicas, y a algunos les procuran una satisfacción **alucinatoria**◆ de sus pulsiones sexuales. A través de esas imágenes, algunos adolescentes constituyen su repertorio de representaciones mentales y sociales de la sexualidad. Recurrirán a una parte de ese repertorio cuando tengan que entrar en situación.

◆ *La alucinación es una imagen mental, visual o auditiva. En algunos casos, esta ilusión proporciona una satisfacción de la pulsión equivalente a la que se experimenta cuando el cuerpo vive la experiencia.*

La señora C., **enfermera**, se reúne con los alumnos de la escuela, en pequeños grupos, para darles una charla sobre afectividad y sexualidad. Trata con mucho tacto estas cuestiones, escuchando a los jóvenes y respondiendo con serenidad a las reflexiones que hacen. Así, ellos se atreven, bien en grupo, bien a solas después con ella, a plantearle sus preguntas.

Un chico no entiende el comportamiento de su novia: «No veo por qué —dice—, ella se niega a acostarse con mi mejor amigo...» Otro se preocupa: «Debo de ser anormal sexualmente —le confía—. En las películas porno, veo que los hombres pueden hacer el amor varias veces seguidas. Pero yo, después de hacerlo una vez, ¡estoy agotado!» ■

Estos adolescentes se toman al pie de la letra las imágenes y representaciones que transmiten ese tipo de películas. No tienen o no han tenido interlocutores adultos que los ayuden a encontrar su propio camino y a relativizar lo que ven y oyen. De este modo, llegan a confundir sexualidad y pornografía, a reducir la sexualidad a una proeza técnica, a considerar al otro una cosa al servicio de su satisfacción pulsional, a culpabilizarse por no estar a la altura de lo que creen que es la sexualidad, y a olvidar lo esencial: el amor hace vulnerable a quien se arriesga a amar.

Situarse ni demasiado cerca ni demasiado lejos del adolescente

No cabe duda de que es en el ámbito sexual en el que los padres tienen mayor dificultad para encontrar la distancia adecuada con los adolescentes debido a la sobrecarga emocional y afectiva que implica. Es muy frecuente situarse demasiado cerca «para saberlo todo» o demasiado lejos «para no saber nada». Además, la distancia adecuada varía en función de la edad del adolescente y queda obsoleta apenas se encuentra, por lo que debe ser modificada constantemente.

Amanda (18 años): «Necesito a mis padres pero puedo prescindir completamente de ellos. Los padres son necesa-rios. Hay que poder contar con ellos. Pero no deben absorbernos ni abandonarnos.» ■

Demasiado cerca o demasiado lejos, los padres no soportan perder el control de su hijo adolescente, ni siquiera de su vida afectiva y sexual. Si se sitúan demasiado cerca, absorben completamente al adolescente durante el máximo tiempo posible, sin renunciar siquiera a lo más exclusivo de la sexualidad. Presentan una gran curiosidad con respecto a la sexualidad de su hijo o hija. Si se sitúan demasiado lejos, abandonan a su hijo o hija demasiado pronto. Renuncian de repente y por completo a interesarse por su evolución afectiva y sexual. Se niegan a oír hablar de ello y evitan las conversaciones sobre el tema. El amor y la sexualidad pertenecen a un orden íntimo, a un espacio privado en el que sólo se entra con invitación. En otro caso, se penetra por intromisión. El padre que se sitúa demasiado lejos desoye la invitación que pueda recibir, y el padre que está demasiado cerca siempre entra en el universo afectivo de su hijo adolescente sin haber sido invitado. Ser padre y situarse a la distancia adecuada de su hijo adolescente supone aceptar quedarse fuera, progresivamente, de la vida amorosa y sexual que su hijo o hija está construyendo, pero sin desinteresarse de sus experiencias. La sexualidad no se muestra ni se explica a los padres. Ellos deben aceptar que poco a poco irán sabiendo menos y contentarse con lo que perciban. También deben soportar la frustración de permanecer en la ignorancia, dejando que el adolescente viva por su cuenta lo que hasta ese momento les confiaba. También deben mantener las diferencias de generación. Son sus padres y no sus amigos. De este modo, disminuyen los riesgos de rivalidad con él.

CONSEJOS

1. Observe lo que siente en relación con la evolución afectiva y sexual de su hijo adolescente, pues también puede atravesar, igual que él o ella, una verdadera crisis. El problema (afectivo, sexual, relacional) de su hijo o hija puede producir en usted un efecto de reproducción o resonancia y multiplicar sus propias preguntas.
2. No deje, discretamente, de observar cómo vive y de escuchar al adolescente:
    *   Esté atento y hable con él.
    *   No le pida que se lo explique todo: no es su amigo íntimo. Interésese por él, no es un extraño.
3. A medida que crezca, intente hacerle cada vez menos preguntas, pero esté disponible cuando desee comunicarse con usted.
4. No tenga una visión demasiado dramática de la sexualidad:
    *   Evite centrarse en sus temores (miedo de las experiencias que podría tener, un posible contagio de sida, etc.). Sus miedos pueden confundirle profundamente. No lo desinforme ni le culpabilice.
    *   No se alegre de sus experiencias. No se las cuente a todo el mundo de su entorno. Puede percibir su gran interés por su vida sexual y afectiva como una provocación.

CAPÍTULO

ABRIRSE AL DIÁLOGO

5

Algunos adolescentes pasan desapercibidos. Son discretos, se enfrentan poco, son pasivos y a veces demasiado silenciosos. Estas actitudes, en general ya presentes durante la infancia, se refuerzan durante la adolescencia.

Los educadores apenas conocen a este tipo de adolescentes y no pueden identificar en todos los casos un rostro con su nombre o un nombre con su rostro. Los padres se preocupan por ello, especialmente cuando tienen dificultades escolares. Los unos querrían que el adolescente fuera más sociable, más emprendedor, más dinámico. Los otros desearían oír el sonido de la voz de su hijo o hija de vez en cuando. La comunicación verbal no es nada fácil con estos adolescentes que callan, que no soportan que se les hable y que huyen de las relaciones con los demás.

NO SE COMUNICA

Los interlocutores de un adolescente están especialmente desorienta-
dos cuando éste no reacciona, no se expresa ni con palabras ni de
modo no verbal. No responde a sus preguntas ni a sus demandas ni a
sus propuestas. Manifiesta pocas reacciones gestuales o motrices. Los
padres o los educadores se preguntan entonces (sin encontrar respuesta) qué puede pasar en el interior de este joven: ¿ha interiorizado todas las cuestiones que se plantea?, ¿todos los conflictos?..., o al contrario, ¿ahoga la problemática psicológica hasta el punto de inhibirse?

No habla ni responde

Es un adolescente que no sabemos qué piensa. Parece que escucha,
pero no habla, los adultos saben pocas cosas sobre él. A veces, incluso tienen la impresión de que están hablando con una pared cuando
intentan dirigirse a él.

EJEMPLO: ALBA NO SE COMUNICA

Alba no ha hablado durante su adolescencia. Ha contenido
en el interior de sí misma todas sus preguntas, sus deseos,
sus temores... Escondía sus emociones y no respondía a sus
padres cuando intentaban recabar información sobre su vida.

Invariablemente, Alba les respondía que todo iba bien. Sin
embargo, la comunicación verbal entre ella y su familia,
existía, aunque reducida estrictamente a cuestiones como:
«Volveré a las ocho...» ■

Durante todo ese período, los padres de Alba han tenido la impresión
de vivir con una desconocida y se sentían frustrados por quedarse totalmente al margen y no poder hablar con su hija. A esta frustración
se añadía una cuestión obsesiva: «¿Sufría psíquicamente?»
Ella debía sufrir, porque no hablaba. En nuestra cultura, el diálogo es
un signo de buena salud psíquica y relacional. La ausencia de diálogo,
en particular dentro de la familia, suele percibirse como el signo de un
sufrimiento individual. Quien no habla no está bien.
La inquietud de los padres suele estar totalmente justificada y necesita una cita con un especialista, ya sea psicólogo o psiquiatra. Pero antes de angustiarse, los padres pueden intentar evaluar la situación por
ellos mismos observando si el adolescente ha mantenido una cierta
comunicación con otras personas, concretamente con sus amigos, y si
utiliza otras herramientas diferentes al lenguaje para comunicarse.
¿Se comunica con la mirada, con actitudes, con su cuerpo? Por últi-

mo, ¿reacciona, aunque sea discretamente, a lo que sus padres le dicen? Estos datos pueden recabarse también entre otros miembros de la familia, entre padres de amigos del adolescente si ha estado en su casa durante algunos días, o en organizaciones con las que el adolescente haya participado. Las diferentes apreciaciones permiten a los padres relativizar sus opiniones y sus inquietudes, con la condición de que acepten dejarse sorprender cuando la información que reciben no coincide con su percepción del adolescente. Así lo harán si no se sienten culpables de tener una comunicación difícil con su hijo o hija: aceptarán los nuevos datos sobre su hijo adolescente si no se ponen en situación de rivalidad con quienes consiguen dialogar con el chico.

En un gran número de casos, los adolescentes no soportan las preguntas de los padres, que en su opinión se inmiscuyen en su vida o los infantilizan. La distancia, la autonomía y la independencia con respecto a sus padres se expresan con silencios o negativas a responder a las preguntas. Pero que el adolescente no hable con sus padres o que no responda no significa que no tenga algo que decir o que no escuche.

CONSEJOS

CÓMO ACTUAR ANTE UN ADOLESCENTE QUE NO SE COMUNICA

1. No interprete sus silencios en el registro moral: «Lo hace expresamente», «Se burla de mí...»

2. No imite su actitud:
- Siga comunicándose con él. No deje de hablarle cuando tenga algo que decirle. Él le escucha y sus palabras le afectan, sin ninguna duda, pero usted no lo sabe, sólo él lo sabe.
- No aproveche la ocasión para hablar en su lugar.

3. Mantenga un vínculo verbal entre él y usted. Dígale, agradablemente y en forma interrogativa, cómo lo ve usted, lo que usted sabe y lo que usted cree. Por ejemplo: «¿No estás haciendo...?»

4. Acéptelo tal como es:
- No le obligue a responder a sus preguntas cueste lo que cueste.
- Estimule sus palabras haciéndole preguntas.

Anímelo a responderse a sí mismo en su interior.

Cuando se rompe la comunicación

Un acontecimiento, a veces insignificante para los padres, suele ser el origen de esta ruptura de la comunicación.

María es una adolescente que, además, no ha modificado su vida cotidiana. Sigue yendo al centro escolar, quedando con sus amigos, etc. Aunque María se niegue por el momento a hablar con su madre, ésta no debe dejar de comunicarse con su hija. Puede intentar buscar el origen de la situación de ruptura. También puede dar a conocer regularmente sus suposiciones y reflexiones a su hija en forma interrogativa: «María, ayúdame a comprender qué ocurre. ¿Se debe a...?» Tal vez María no reaccione pronto, pero la insistencia serena de su madre la hará movilizarse progresivamente, volver a su camino y abandonar su propia situación de bloqueo.

No se atreve a comunicarse

Nieves pone nerviosos a sus padres por sus dudas incesantes, que suelen llegar a una situación de rechazo o de bloqueo que luego lamenta la joven. A Nieves le gustaría participar en una conversación, pero no se atreve a expresar sus pensamientos. Ha intentado obligarse a hablar con sus amigos, pero se emocionaba tanto que olvidaba lo que quería decir. Otras veces ha hablado entrecortadamente y se ha sentido ridícula. Por otra parte, también se siente ridícula cuando no dice nada.

El miedo a decir tonterías o la impresión de no tener nada que decir suficientemente interesante puede revelar una gran exigencia hacia ella misma. El adolescente siente vergüenza por no estar a la altura de sus expectativas: no se permite decir, delante de los demás, palabras banales. Además, le asusta desvelar o que sean develadas sus intenciones cuando habla. Para el adolescente que no se atreve a comunicarse, el conflicto entre hablar y no hablar lo puede poner en un callejón sin salida. Al no poder escoger por sí mismo, espera que los acontecimientos o las personas decidan en su lugar.

Puede ser útil para los padres y los educadores darse cuenta del malestar que el adolescente siente ante los demás, no para indicárselo en público sino para permitirle, en privado, percibir la molestia que esta dificultad le ocasiona. El adolescente seguramente se sentirá aliviado cuando se dé cuenta de que sus padres han percibido lo que le hace sufrir. Pueden ayudarle a reflexionar sobre lo que le ocurre y sobre su deseo de cambiar esa situación. No se trata de obligar al adolescente a hacer lo que teme hacer, sino de convencerlo, animarlo y permitir que se arriesgue: aceptar equivocarse, decir palabras banales (incluso tonterías), encontrarse en una situación imprevisible... sin minusvalorarse o culpabilizarse.

NO SE HACE NOTAR

La discreción del adolescente suele tener una función defensiva. Cuando no molesta a nadie, no se arriesga a que lo molesten a él. Pero estos jóvenes, cada vez menos solicitados por un entorno al que no responden, pueden encontrarse en una situación de gran aislamiento.

El adolescente discreto

EJEMPLO: BENITO PASA DESAPERCIBIDO

Benito es un adolescente tranquilo, especialmente discreto. Se reúne habitualmente con sus amigos a la salida del centro de enseñanza y no manifiesta el deseo de verlos en otros momentos. Se queda tranquilamente en su habitación, en casa de sus padres, ocupando su tiempo con la computadora, los libros y la televisión. Es un joven del que no se habla en clase y que pasa desapercibido, porque no se expresa. Sus resultados escolares son mediocres. Se le reprocha su falta de participación. ■

Benito se mueve entre los demás sin hacerse notar. Intenta no exponerse a sus miradas. Se adapta el mínimo indispensable a las situaciones en las que se encuentra. Es un adolescente que parece no querer molestar a nadie y que desea vivir una existencia tranquila, un poco lenta. Sorprende por su falta de reacciones típicamente adolescentes.

Pasa mucho tiempo en su habitación y se refugia frecuentemente en los cómics, la música o delante de la computadora.

La actitud de Benito puede ser defensiva. Su existencia discreta —tiene pocas necesidades— le permite no dejarse llevar por el plano pulsional. Su interés por los videojuegos lo protege de sus conflictos internos y de las cuestiones de identidad.

En la adolescencia, cada joven pierde el sentimiento de permanencia, de continuidad de sí mismo, debido a los cambios corporales que experimenta. Éstos representan una verdadera amenaza para él. Y se pregunta cómo puede seguir siendo el mismo si está cambiando sin cesar.

La adolescencia es, pues, un período de adaptación a los cambios (físicos, psicológicos...). Este aprendizaje es el equivalente a un verdadero trabajo de duelo. Como afirma el experto en adolescentes ya citado, A. Haim: «Igual que quien lleva luto, el adolescente permanece algunos momentos hundido en el recuerdo de sus objetos perdidos y, como él, la idea de la muerte le cruza la mente. Pero así como la dinámica del duelo normal permite continuar con el trabajo, la del adolescente hace que nada se fije.»

El adolescente debe aceptar perder lo que ha sido para volcarse en lo que será, sin saber a qué corresponde este futuro. Tal situación puede vivirse como angustiosa y deprimente. La **depresión**◆ es, para el adolescente, una respuesta a un peligro. El adolescente se deprime, pues tiene miedo a perder la imagen de sí mismo, su Yo, sus ideales o sus relaciones con los demás. El Yo del adolescente aprenderá progresivamente a controlar los impulsos pulsionales. Su misión es recuperar la

◆ *La depresión es bastante frecuente durante la adolescencia y no siempre presenta un carácter patológico. Se expresa como enojo, falta de interés, sentimiento de fatiga, de monotonía, de tristeza, de inutilidad, vagancia.*

energía contenida en el inconsciente, tolerar o no las exigencias pulsionales y adaptarlas a las exigencias del mundo exterior. El mundo interno del adolescente se convierte en un lugar de conflicto y en un lugar de angustia. Cuando el Yo no consigue controlar los impulsos pulsionales, o teme no poder hacerlo, se protege mediante mecanismos de defensa. La inhibición mental puede defenderle de los conflictos y evitar que tenga nuevas experiencias que podrían desestabilizarlo. Gracias a esta conducta, el adolescente no tiene que controlar los conflictos internos. No quiere saber lo que ocurre en él e inhibe la expresión de su mundo interior. No se habla porque se encierra en su interior. El Yo también puede proteger al adolescente de la angustia. Entonces, recurre a mecanismos de defensa como el retroceso, la disociación o la intelectualización.

Benito parece que utiliza de un modo frecuente la intelectualización. Este mecanismo permite que el adolescente se refugie en el mundo del pensamiento, de las ideas, los conceptos, la tecnología o las imágenes. No piensa por sí mismo, ni en sí mismo, huye del contacto con los demás. De este modo quita hierro al ámbito afectivo, emocional y pulsional, que es el que produce conflictos internos.

El adolescente pasivo

Los padres y educadores se quejan a veces de la pasividad de los adolescentes. En algunos momentos, parece que los jóvenes no quieren nada, o no saben lo que quieren. Les falta interés y motivación para todo lo que los adultos les proponen y parece que esperan indefinidamente algo que no se produce. En el entorno familiar, la pasividad del adolescente puede calcularse por el número de horas que pasa cada día delante de la televisión. De este modo se protege momentáneamente de los conflictos, fantaseando y soñando en su lugar. Cuando ve una película o una serie, el adolescente vive en la piel de otro. En el ámbito escolar, la pasividad del adolescente se traduce en desinterés, falta de participación en la vida de clase y en los contenidos de la enseñanza.

EJEMPLO: LOS ALUMNOS SE NIEGAN A PARTICIPAR

La señora M., **profesora** de francés, explica: «Cuando mis alumnos se sientan en clase, se quitan la chaqueta, la bufanda, los guantes y ponen la mochila sobre la mesa delante de ellos y esperan. Tengo que decirles, en cada clase, que saquen sus cosas de encima de la mesa. No sólo no lo hacen espontáneamente, sino que debo enojarme para que abran la mochila y saquen, a regañadientes, el material de clase.» ■

EJERCICIO Reaccionar en el entorno escolar

Busque información, junto a sus compañeros, para comprender los diferentes significados de estas actitudes y conductas: hablen entre ustedes y con colegas externos, concretamente educadores de prevención, animadores de centros sociales, de ocio, etc.
Se trata de comprender primero para luego actuar del modo adecuado.

Comprender	Actuar
Actitud de oposición (modo de decir «no» al profesor)	Acepte esta oposición y coméntela: «Veo que no tienes intención de trabajar.» Reconozca esta oposición como legítima: «Eres libre de no querer trabajar», pero esta libertad es inadecuada en la escuela: «Tú estás aquí para aprender, y yo para transmitirte conocimientos.» Invítele a dominar sus deseos y aumentar la exigencia escolar: «Te pido que hagas momentáneamente un esfuerzo, aunque quieras hacer otra cosa.»
Actitud conformista frente a la cultura adolescente (diferenciarse de los adultos – no entrar en el juego escolar)	Acepte la cultura adolescente e identifique sus diferentes aspectos. Compare esa cultura con la cultura escolar. Enséñele a resistir las presiones escolares (hágale trabajar en situaciones concretas, adoptando los puntos de vista de los diferentes protagonistas de la historia).
Sufrimiento psíquico del adolescente	Ofrezca al adolescente que sufre la posibilidad de hablar libremente a solas con usted. No dirija demasiado rápido a este adolescente hacia el especialista (asistente social, médico). Acompáñele en su camino.
Poner a prueba al adulto (¿cómo reaccionará?)	No se deje desestabilizar por las pruebas a las que someten los adolescentes a los adultos con los que se topan. Intente no reaccionar de un modo demasiado emocional en la relación de poder («Te prohíbo hablarme de este modo») o de un modo demasiado rígido. Reaccione ante el grupo con humor, ayuda a los adolescentes a reflexionar sobre lo que dicen o hacen, sin discursos moralizantes. Vuelva a hablar en seguida con el autor del acontecimiento sobre los hechos, en el marco de una relación individualizada.

Estas actitudes y conductas repetitivas de algunos adolescentes en clase suelen difundirse actualmente, y afectar cada vez a más alumnos. Para el profesor, se trata de no dejarse desestabilizar por estos comportamientos, ni de agotarse con críticas vanas, ni de quedarse indiferente.

La pasividad de los jóvenes suele estar vinculada a su ausencia total de responsabilidad en una situación dada. Ellos esperan que los adultos piensen y actúen en su lugar.

Sin embargo, luego critican sus decisiones y las acciones que llevan a cabo estos mismos adultos. No obstante, es posible interesar a los adolescentes por la dinámica del grupo escolar o familiar con la condición de escucharles cuando se expresan, tener en cuenta su opinión, pareceres o sugerencias, y volver a situarlos cuando se agobian o se desmotivan.

EJEMPLO: ESPERAR A QUE OTROS ORGANICEN Y TOMEN DECISIONES

Antes de la salida de un **grupo de adolescentes** hacia un campamento durante una semana, los monitores y los jóvenes han llegado a un acuerdo muy concreto sobre el consumo de tabaco. Han definido y repartido los momentos del día, los lugares y el número de cigarrillos que cada fumador se comprometía a no superar. ■

La dinámica de un grupo o de una clase depende de todos los participantes y no sólo del animador o profesor. A su nivel, cada uno es responsable del ambiente que reina en el grupo. Cada uno puede desempeñar un papel para regular tensiones, contener la agresividad o estimular a los más discretos.

El profesor puede buscar con sus alumnos estrategias concretas y adaptadas a las posibilidades de cada uno y apoyarlos individualmente para que las pongan en práctica.

Además, un análisis regular del clima que reina en el grupo, de las dificultades interindividuales y de los conflictos y tensiones estimulará la atención de los adolescentes. Estas estrategias (o caminos) tienen una eficacia real cuando el profesor está disponible, escucha a los adolescentes en todas las dimensiones de sus comunicaciones y se interesa realmente por los alumnos con el fin de establecer con ellos una relación de confianza. Los adolescentes piden relaciones e intercambios con los adultos.

ANIMAR AL ADOLESCENTE CONSUMIDOR-ESPECTADOR A CONVERTIRSE EN ACTOR EN EL ÁMBITO FAMILIAR Y ESCOLAR

1. Observe cómo actúa usted ante las actitudes de pasividad de los jóvenes: ¿le cuesta soportarlas?
   - No intente llevarlos a su terreno de repente y mediante persuasión o sanción.

2. Busque el sentido de sus actitudes:
   - La pasividad y la falta de interés pueden ser mecanismos de defensa contra la ansiedad.
   - La ausencia del deseo de aprender puede significar que prefieren no desear nada a no satisfacer en seguida todas sus pulsiones y todos sus deseos. En este caso se convierten en consumidores de conocimientos o de imágenes (televisivas, cinematográficas...).

3. Estimule su curiosidad intelectual ayudándoles a apropiarse de los conocimientos que les transmite, o a reaccionar delante de las series y películas que ven:
   - Anímelos a no dejar de pensar y a tener emociones y reacciones delante de la pequeña gran pantalla. Pídales que las expresen.
   - Infórmelos de la utilidad de los conocimientos que les aporta.
   - Vincule esos conocimientos a sus experiencias y a sus recuerdos.
   - Transmita esos conocimientos basándose en procedimientos o herramientas culturales: a través de imágenes, sonido, la computadora, etc.

4. Cuando sea posible, proponga a su hijo adolescente, o bien a cada uno de sus alumnos, acordar **contrato** previo e individualizado:
   - En el ámbito escolar, lo que cada uno espera de los demás, contrato que cada uno se comprometerá a cumplir de una manera formal.
   - En el ámbito familiar, las horas de consumo de televisión.
   - Ese contrato, revisable, también precisará las diferentes sanciones en caso de incumplimiento de sus términos, sanciones que usted se compromete a poner en práctica.
   - Cuando el adolescente no consiga respetar el contrato de consumo de televisión, ayúdele recordándole los horarios o apagando usted mismo la televisión.

El adolescente consumidor reduce el saber a su función utilitaria, a la necesidad que de él tiene para sacar una nota, aprobar un examen o conseguir un diploma. Permanece pasivo, como un espectador exigente que quiere divertirse sin esfuerzo.

En el ámbito escolar, este contrato escrito puede adaptarse a cada alumno y referirse también a la convivencia en el interior de la clase, el trabajo escolar, las relaciones con los demás fuera de la clase, etc. Puede basarse en el reglamento interno de la escuela. De esta manera, el adolescente firma un contrato moral consigo mismo; cualquier incumplimiento de los términos del contrato pasa a ser una cuestión de conciencia personal.

Una **profesora**, la señora J., sale algunos días de viaje de fin de año con alumnos a los que da clase desde principios de curso. En el autobús que los lleva, tres chicas le preguntan:
—¿Vendrás a nuestra habitación?

—Sí —responde la señora J.—, después de las diez y media, cuando haya cerrado las puertas.
—No, ven antes para hablar. ¡No nos vemos nunca, no podemos hablar! ■

En el entorno familiar, los padres deben buscar momentos especiales para hablar con sus hijos sobre situaciones que hayan podido causar problemas. Pueden ser reuniones en las que cada uno tenga derecho a expresarse libremente bajo la atenta y benévola mirada de los demás y en el que uno de los padres o el adolescente desempeñe cada vez el papel de moderador.

PREVENIR LA AGRESIVIDAD

6

El adolescente puede entrar en comunicación con los demás, en algunos momentos, de un modo conflictivo o provocador. La agresión le permite descargar las tensiones que siente. A veces, al no tolerar las obligaciones, las situaciones difíciles y la frustración, se desahoga gritando, insultando a alguien o dando patadas a un objeto cercano. Los padres, los amigos y algunos adultos se convierten en el objeto de estas pulsiones agresivas.

LA AGRESIVIDAD DE LOS ADOLESCENTES

Algunos adolescentes tienen una imagen bastante negativa, incluso peyorativa de según qué adultos. Asimismo, se permiten, con respecto a ellos, tener reacciones encendidas y emocionales.

EJEMPLOS: TENSIÓN ENTRE JÓVENES Y ADULTOS

«Los policías —dice una joven de 16 años— vienen a provocarnos a nuestros barrios. Nos vigilan como si fuéramos niños, pasan junto a nosotros a poca velocidad dentro de sus coches y nos observan. No podemos soportarlos.»

Durante un encuentro con un psicosociólogo, los alumnos de bachillerato hablan de sus relaciones con los adultos:

«No tenemos ningún problema con nuestros padres —dicen a coro la veintena de adolescentes reunidos—, pero no podemos decir lo mismo de los profesores. Con algunos, va bien, pero con otros, es insoportable. Nunca están contentos, se quejan de todo...»

«Si hago tonterías, ¡mi padre me mata!», afirma varias veces un joven adolescente de 13 años. ■

En la gran mayoría de casos, los adolescentes están bastante satisfechos de las relaciones que establecen con sus padres. Tienen pocas críticas hacia ellos. Algunos jóvenes, que todavía son menores de edad, incluso afirman que sus padres no son responsables para nada de las «tonterías» que ellos puedan hacer. Los padres, pues, no son el blanco privilegiado de las pulsiones agresivas de sus hijos adolescentes, puesto que son bastante tolerantes hacia ellos. Las relaciones entre padres e hijos se basan más en el amor intercambiado (amar y ser amado) que en los modos de comportamiento en sociedad. La agresividad se desplaza, en consecuencia, hacia las figuras individuales o institucionales que los adolescentes perciben como frustrantes o coactivas, porque les imponen conductas o señalan sus dificultades de adaptación. Las familias y los medios de comunicación a veces refuerzan esta percepción negativa de los adolescentes apoyando sus recriminaciones ante la policía o la escuela. En realidad, tenemos actitudes paradójicas hacia estas dos instituciones: según el momento, podemos tener una posición bien de hostilidad, bien de demanda y espera hacia los policías y educadores.

Los padres que infravaloran, delante de sus hijos adolescentes, a los profesores o educadores, suelen sentir una rivalidad inconsciente hacia las personas ajenas a ellos que se ocupan de su hijo o hija.

EJEMPLO: RIVALIZAR CON LOS PROFESORES

La madre de **Elisa** sigue muy de cerca la enseñanza de su hija de 16 años. Quiere que esté atenta en clase y escuche a los profesores, pero los critica e infravalora ante la joven cuando no actúan de acuerdo con sus expectativas. ∎

Las actitudes contradictorias de los adultos hacia la policía o el conjunto de profesores se parecen mucho a las actitudes de los adolescentes cuando funcionan según el mecanismo de disociación: algunas figuras son completamente buenas y otras figuras son completamente malas. Los policías y los profesores deben intentar no dejarse desestabilizar por estas representaciones negativas que transmiten las familias, la sociedad o los mismos adolescentes. Tampoco deben intentar cambiarlas adoptando las actitudes que los jóvenes esperan. No obstante, pueden intentar establecer con los adolescentes relaciones de respeto que les permitan darse cuenta de que su hostilidad inicial ante tal o cual persona no tenía ninguna base.

Por su parte, los padres no deben apoyar sistemática e inmediatamente las palabras agresivas de los adolescentes hacia los policías o profesores. Primero deben informarse y luego opinar de un modo matizado.

La expresión de las tensiones internas

En la vida cotidiana, el adolescente, que funciona psíquicamente según el principio del placer, suele enfrentarse regularmente con la imposibilidad de satisfacer inmediatamente sus pulsiones y deseos. Estas situaciones producen tensiones, frustraciones a veces intolerables, a las que el adolescente responde con una descarga pulsional agresiva. Los insultos, los gestos violentos ante personas o cosas, los suspiros, las miradas que matan, los escupitajos, etc., permiten a los adolescentes descargar las tensiones internas y disminuir momentáneamente el estado de tensión.

EJEMPLO: CONTROLAR LAS PULSIONES AGRESIVAS

La señora M., **profesora** de lengua, se sorprende al oír que uno de sus alumnos insulta copiosamente a una compañera y se siente herida (por identificación con la chica insultada). Ha superado la primera reacción porque ha aprendido que los jóvenes descargan sus pulsiones agresivas a través del lenguaje. Esta información le ha permitido modificar su propia actitud, que consistía en reaccionar inmediatamente y de forma enérgica. ■

Los demás se convierten en el blanco de las pulsiones agresivas porque se encuentran allí en ese momento. Y las situaciones de la vida cotidiana se convierten en motivos de conflicto con quienes impiden que el adolescente satisfaga inmediatamente sus ganas y deseos. Los adultos soportan mal, culturalmente, los conflictos, y los adolescentes se ponen nerviosos por ello. No obstante, los conflictos forman parte de las relaciones humanas al mismo nivel que la amistad, la tolerancia o el amor. No existen relaciones sin que surjan conflictos en un momento u otro. Los conflictos, y la agresividad que están asociados a ellos, son perjudiciales, invaden y destruyen cuando las personas les tienen miedo, huyen de ellos, los ignoran o los banalizan.

El modo conflictivo suele utilizarse con frecuencia por los adolescentes para atraer la atención de los demás hacia ellos, para comunicarse o para imponer su punto de vista por la fuerza (física, con palabras o entonaciones). En interacción con otras personas, con sus padres en particular, este modo de comunicación permitirá que los adolescentes evalúen su capacidad de soportar, a su vez, la agresividad de sus padres cuando ellos hacen tonterías, se olvidan de hacer lo que se les ha pedido, molestan o provocan. También pondrán a prueba el papel y el poder de su agresividad: ¿les permite desestabilizar, controlar a su interlocutor o evitar la pasividad?

CÓMO COMPORTARSE ANTE UN ADOLESCENTE QUE ACTÚA DE MANERA VIOLENTA

1. Intente reaccionar hablando con calma. La agresividad debe comentarse:
   - Aprenda a percibir, a contener y a transformar su nerviosismo, reacciones negativas, opiniones, tonterías, etc.
   - Pídale con tranquilidad y firmeza que se calme cuando esté nervioso o enojado, y que vuelva a formular de un modo socialmente adecuado lo que acaba de decir cuando sus palabras son crueles, agresivas o groseras.
2. La palabra debe bastar para exigir, prohibir y contener. No intente contenerlo físicamente:
   - En clase, acérquese a un adolescente particularmente agitado para demostrarle que se está dirigiendo a él.
   - Dígale claramente las palabras, los gestos y las actitudes que no tolera delante de usted y en su casa, así como las sanciones correspondientes. Dígaselo y repítaselo con calma y sin agresividad.
3. Enséñele a percibir el mal que puede hacer la violencia. Si está atento al sufrimiento que el adolescente puede sentir cuando lo castiga, y si le dice que le duele que sea violento hacia usted, lo está introduciendo en la **reciprocidad** de los afectos.
4. No responda a la agresividad con agresividad.
5. No reaccione inmediatamente, sino con tacto. Contenga y filtre las reacciones corporales (bofetadas) y verbales (gritos); tómese el tiempo necesario para reflexionar sobre sus respuestas y las posibles sanciones. La sanción se aplicará con palabras.
6. No se deje invadir completamente por las reacciones negativas, ni desestabilizar o culpabilizar por las palabras o gestos agresivos:
   - No se ponga furioso. No perciba al adolescente como totalmente insoportable. Ayúdele y ayúdese a ser **ambivalente**◆, a desarrollar una buena imagen de él cultivando, usted mismo, una buena opinión de él.
7. Controle la situación, no dialogue en momentos de tensión o de conflicto:
   - Detenga las discusiones cuando aumente la tensión. Luego coméntelo en un intercambio verbal.
   - Siempre se puede volver a hablar con el adolescente, y tantas veces como sea necesario, de una situación problemática.

¿Qué actitudes adoptar?

En contacto con sus educadores, los adolescentes aprenderán a percibir, familiarizarse, canalizar y contener sus tensiones, sus emociones internas, sus reacciones inmediatas y exageradas para expresarlas luego de un modo verbal y socialmente adaptado.

EL ADOLESCENTE EN GRUPO

Durante la adolescencia, el dinamismo individual se dirige hacia la formación de grupos. Paralelamente, el adolescente también puede cultivar con un amigo del mismo sexo una relación privilegiada y con una persona del sexo opuesto una relación afectiva y sexual.

El adolescente busca un amigo o amiga con quien poder hablar y compartir muchos momentos o emociones. La relación con este(a) amigo(a) introducirá al adolescente en la **reciprocidad**✦ de los afectos: le presta cualidades, disposiciones que querría poseer, pero que no tiene. Este(a) amigo(a) es idealizado(a): el otro le sirve de modelo. Uno se ve en los ojos del otro y al revés. Asimismo, el adolescente no puede estarse ni un momento, durante semanas o meses, sin este(a) amigo(a) que admira. Pero cuando se dé cuenta de repente de cómo es el amigo(a), y que no es como se lo(a) imaginaba, puede decepcionarse bruscamente por uno de los comportamientos de este(a) amigo(a). Entonces, el adolescente puede criticarlo(a) y abandonarlo(a) sin compasión, sin darse cuenta del sufrimiento que produce en su amigo(a). Las personas que

✦ La ambivalencia permite reconocer que ni los demás ni uno mismo son completamente buenos ni completamente malos. De este modo, los padres y los adolescentes ambivalentes pueden sentir cólera los unos hacia los otros sin que ello deteriore sus buenas relaciones de base.

✦ Esta reciprocidad es posible cuando se intenta cambiar el punto de vista poniéndose simbólicamente en el lugar del otro e imaginado lo que siente.

rodean a este adolescente, y que son testigos de esta situación, deben guardarse bien de hacerse eco de su discurso. Sin embargo, algún tiempo después de los hechos, cuando el estado emocional del joven sea menos intenso, pueden atraer su atención sobre el sentido y las consecuencias de la ruptura de esa relación.

El papel del grupo

El grupo permite que el adolescente descargue sus pulsiones agresivas sin cuestionarse sobre sus actos ni sus consecuencias, sin sentirse responsable de lo que ha hecho o hará.

El grupo ofrece al adolescente nuevas fuentes de identificación. Es un lugar de intercambio de las informaciones y de las emociones recogidas en diferentes lugares. El adolescente es atraído irresistiblemente por el grupo, que le permite tomar distancias en relación con sus padres y acercarse a sus iguales. En el grupo buscan nuevas referencias y apoyo. Asimismo, para diferenciarse de sus padres, el adolescente puede adoptar la cultura del grupo y adherirse a los valores que transmite, tanto en cuanto a ropa, como en cuanto a vocabulario o manera de actuar. El grupo también lo protege, pues absorbe su agresividad y la transforma en dinamismo de grupo.

EJEMPLO: EL GRUPO SE OPONE A UN RESPONSABLE

En el marco de un movimiento de juventud, una responsable presenta una nueva actividad a su equipo, formado por ocho adolescentes. Cada vez que abre la boca para hablar, los aplausos y gritos entusiastas ahogan su voz, de manera que no puede hablar. Más adelante, durante la presentación, hablan entre ellos, ríen muy fuerte o le dicen: «Ya lo sé.» Por último, empiezan a hacer lo contrario de lo que les ha pedido. ∎

♦ El grupo espontáneo lo escoge el adolescente, se siente bien en él, es transitorio. El adolescente comparte a veces algunas afinidades con quienes lo componen. Las reglas son flexibles, fluctuantes y poco numerosas. Corresponden a las necesidades puntuales de sus miembros.

En el grupo, cada adolescente cuestiona, de un modo interactivo, a la responsable. Quiere saber quién es, identificar sus capacidades de comunicación: «¿Es posible hablar contigo?» parece que le preguntan al impedirle hablar. También intentan evaluar sus cualidades como responsable: «¿Es posible hacer algo interesante contigo?», así como sus límites: «¿Hasta dónde puedo llegar contigo?» Estas preguntas, expresadas en actos, están cargadas de agresividad. A la responsable se la percibe en la oposición.

En el grupo escolar, paraescolar o **espontáneo♦**, la oposición o la revuelta, expresada por los adolescentes con respecto a un educador, orientador o un adulto, pierde la carga de culpabilidad. El grupo permite que el adolescente transgreda y luego evalúe las consecuencias de sus actos sin vergüenza ni culpa. El grupo participa en el desarrollo de su responsabilidad y de su autonomía, que se construye sin conmociones, siempre que el responsable del grupo tolere, en cierta medida, las actitudes oponentes del joven.

Pero el grupo puede ampliar las actitudes y las conductas exageradas de esta edad o convertirse en un lugar de refugio para el adolescente. Puede protegerse al mismo tiempo de los demás (concretamente de sus padres) y de sí mismo.

Cuando el adolescente no logra controlar sus conflictos internos y sus sentimientos contradictorios, puede buscar protección en un grupo de jóvenes de su edad, lo que le permitirá compensar sus sentimientos de inferioridad. El grupo se convierte en un sitio que proporciona seguridad y protección, mientras que el mundo exterior, en el que el adolescente **proyecta**♦ sus sentimientos y pulsiones intolerables, se convierte en un lugar peligroso. El grupo recibe a los que no logran adaptarse al grupo escolar o al grupo espontáneo. Responde a una necesidad imperiosa del adolescente: ser aceptado, reconocido como alguien valioso para los demás. Por ello busca un grupo en el que se sienta cómodo. Ese grupo suele estar en oposición con la sociedad. La agresividad puede expresarse de forma peligrosa, incluso delictiva.

En este tipo de grupo, los adolescentes pueden poner a otro o ponerse a ellos mismos mental y socialmente en situaciones difíciles. Cada vez más adolescentes frecuentan momentáneamente ese tipo de grupos para practicar conductas de riesgo intensas, vivir experiencias extremas, hacer una oposición sistemática. Actúan de forma espontánea, tranquilamente, y parece que desconocen el alcance de sus actos delictivos. Parecen impermeables a las críticas, a los comentarios que se les hacen.

♦ *La proyección es un mecanismo de defensa que consiste en atribuir a alguien los pensamientos desagradables que uno no puede soportar en sí mismo.*

El adulto ante un grupo de adolescentes

El adulto solo ante un grupo de adolescentes puede orientarse hacia una relación de fuerza. Esa actitud puede reproducir la misma actitud del grupo hacia el adulto. El grupo, en realidad, pone a prueba las aptitudes de su interlocutor para contener la agresividad del grupo, dirigirlo, interesarlo en actividades nuevas, etc. Si el profesor, orientador o educador se sitúa en el registro de la relación de fuerza, puede experimentar ante los jóvenes emociones más o menos intensas, en concreto tener miedo del grupo y temer enfrentarse a ellos. Tales emociones producirán en él algunas actitudes específicas como la hostilidad, la

CÓMO COMPORTARSE ANTE UN GRUPO DIFÍCIL

1. Esté atento a sus emociones, reacciones, palabras y pensamiento automáticos antes, durante y después de estar con el grupo:
   - Identifique sus representaciones del grupo. Intente modificarlas si le producen tensiones.
   - Identifique sus expectativas ante el grupo. Acepte al grupo tal como es e intente conducirlo progresivamente a otro punto.
   - No sea usted, sin darse cuenta, quien produzca las tensiones. Intente percibir, contener y metabolizar sus reacciones negativas, opiniones, ironías, tonterías o agresividad, sin demostrarlo delante del grupo.
2. Piense que delante de usted tiene un grupo y no sólo una suma de individuos:
   - Observe al grupo y decodifique sus diferentes modos de poner a prueba su autoridad y de cuestionar la relación con usted.
   - Atraiga la atención de los jóvenes sobre el sentido de sus conductas. Diríjase al grupo en general.
   - Delante del grupo, no busque a los culpables. No se arriesgue a convertirlos en cabezas de turco o héroes ante los demás.
   - Al contrario, establezca con ellos relaciones individuales para ayudarlos a reflexionar sobre el sentido de sus actitudes en el grupo.
   - No renuncie, ni abandone, ni se deje llevar por la rigidez.
3. En el ámbito escolar, no se deje desestabilizar por las actitudes adolescentes que le parecen incomprensibles (alumnos que vienen a clase sin ningún material escolar, se niegan a trabajar, prácticas ilegales delante de todos):
   - No trabaje solo, elabore estrategias con sus colegas y la dirección de la escuela.
   - No se deje invadir por la cólera, ni se sorprenda por esos comportamientos. Al contrario, sorprenda a sus alumnos por su tranquilidad, el interés que les aporta, su propia conducta (en lugar de gritar, de estar incómodo, de amenazar con sanciones a una clase que se niega a trabajar, siéntese tranquilamente en su mesa, mírelos atentamente a cada uno, o anúncieles que ha venido a clase a trabajar y no a perder el tiempo, póngase a trabajar, sin perder de vista qué ocurre en la clase; o también puede explicar lo que está ocurriendo asociando la descripción a preguntas como: «¿Hasta dónde quieren llegar? ¿Qué quieren demostrar de esta manera...?»
   - Haga trabajar a los alumnos sobre sus representaciones sociales inadecuadas. Algunos alumnos no saben qué significa «trabajar, reflexionar, esforzarse, vivir en grupo, pensar en los demás...». De un modo muy concreto, enseñe a sus alumnos los conocimientos y comportamientos necesarios para convivir en la escuela, comportamientos diferentes de los que se practican fuera de la escuela.

excitabilidad, la rigidez, el autoritarismo o la indiferencia. Actitudes que los adolescentes percibirán y acentuarán con algunos de sus comportamientos para adecuarse a la imagen que el adulto tiene de ellos. Cuanto más miedo tiene el adulto de un grupo, más se identifica el grupo con lo que cree que espera el adulto. Se comporta así para darle realmente miedo.

LA TRANSGRESIÓN DE LAS REGLAS

Se trata aquí de las conductas adolescentes que perturban el desarrollo de la vida cotidiana en el ámbito familiar o social sin llegar a ser conductas incluidas en el código penal. La violencia, los delitos y las conductas patológicas se tratarán al final del libro.

EJEMPLOS: FERNANDO Y LUIS SON CONFLICTIVOS

Fernando (16 años), ya ha sido expulsado de varios centros escolares por negarse a trabajar, absentismo grave, transgresión de la prohibición de fumar e insolencias repetidas hacia sus profesores. Sus padres ya le han hecho y le siguen haciendo severas amonestaciones, pero Fernando no cambia de comportamiento. Lo ignora todo. **Luis** (15 años) se pasa todo el tiempo discutiendo las exigencias de sus padres. Nunca está de acuerdo con las reglas que le imponen y las rechaza siempre en lugar de hacer lo que se le dice. ■

Fernando no puede evitar comportarse «como un adolescente» en el ámbito escolar. Confunde la **tentación**◆ con la transgresión porque vive

◆ *La tentación es una representación, una imagen, una palabra. Permite tener la experiencia de la transgresión mentalmente, sin pasar al acto.*

en la inmediatez y no logra percibir mentalmente las consecuencias de sus actos. A través de la acción, y en su propio detrimento, Fernando pone a prueba su responsabilidad. Lo que debería hacer con el pensamiento o las palabras, en una conversación, Fernando lo hace con actos. Evidentemente, no ha tenido ocasión de cuestionar verbalmente las reglas que se le imponían para encontrarles el sentido y para permitirse transgredirlas sólo de un modo simbólico e interiorizado.

Luis, al contrario, utiliza plenamente esta posibilidad. Cuestiona las reglas que se le imponen con palabras. De este modo, se ofrece a sí mismo la posibilidad de aceptar o rechazar las exigencias y las prohibiciones que le imponen sus padres. Luis quiere escoger libremente. Las cuestiona con palabras, las critica constantemente, se queja en cuanto tiene que hacer algo y anuncia que no hará lo que se le ha pedido. La tolerancia de los padres ante estas preguntas permanentes, previas a cualquier acción, permite que Luis ponga a prueba la tentación sin necesidad de transgredir realmente las reglas que se le dan.

No asume sus actos

Tomás y Juana conocen perfectamente las reglas en vigor. Pero cuando las transgreden, no pueden asumir su responsabilidad. Tomás se revela contra la sanción y Juana se niega a reconocer su acto.

Cuando los educadores escuchan estas palabras en primera persona, no comprenden ni las protestas de los jóvenes, ni sus actitudes de **negación♦**. Se ponen nerviosos por estas reacciones que interpretan en el registro de la contestación o provocación. El director de Tomás ha tomado la costumbre de no reaccionar ante tales circunstancias: «Es

♦ *La negación es un mecanismo de defensa. Consiste en negar simple y llanamente la realidad de un acontecimiento que, no obstante, ha sido percibido correctamente.*

EJEMPLOS: JUSTIFICARSE PARA NO ASUMIR

Tomás llega un cuarto de hora tarde a la escuela. Se dirige de inmediato al director para informarle de ello, pues sabe que no puede ir directamente a clase. También sabe que no podrá seguir la clase, porque su retraso supera los cinco minutos, pero comenta enérgicamente esta sanción en presencia del director: «No lo entiendo. Al menos podría dejar que fuera a clase. ¡No veo por qué molesto al profesor si no hago ruido al entrar!»

Muy nerviosa, **Juana** circula por un pasillo de la escuela, aparentemente desierto. Al pasar por delante de una alarma de incendios, la pulsa con un gesto rápido y seco. Luego huye rápidamente.

Al final del pasillo, una profesora la ha visto y le pregunta. Juana, furiosa, le responde: «¡Yo no he hecho nada!» La profesora, agresiva también, le contesta: «¡Te he visto!» Y Juana afirma que no es cierto. ■

como añadir leña al fuego», dice a sus compañeros. Y añade: «Y eso que es inteligente ¡pero no quiere comprender!»

Sin embargo, las protestas y quejas verbales, la negación, la banalización, la indiferencia o la exasperación de los adolescentes ante sus transgresiones de las reglas son actitudes defensivas. Los protegen momentáneamente de las tensiones internas, de la culpabilidad, de la humillación, de la vergüenza y de la agresividad que pueden sentir hacia ellos mismos. Para el autor de la falta, es necesario preservar la imagen de sí mismo a sus ojos y eventualmente a los ojos de los demás. El adolescente niega su acto o protesta contra una sanción porque se desestabiliza interiormente por el acto que ha cometido. Cuando los adultos reaccionan a esta irritación protectora con actitudes de nerviosismo o cólera, ellos mismos refuerzan en el adolescente los mecanismos de defensa y de evitación ante un problema dado, y suelen producir efectos contrarios a sus expectativas. El adolescente, al sentirse agredido a su vez, se coloca en situación de víctima en lugar de cuestionarse sus actos. Cuando los adultos dejan de reaccionar y fingen indiferencia, como el director de Tomás, tampoco ayudan al adolescente a ser consciente de sus reacciones defensivas ni le acompañan en el trabajo de reflexión sobre las reglas y sobre él mismo.

La **ley y las reglas** deben convertirse en palabras que el adolescente recoja por él mismo y que desee entender, y no palabras de las que huir. Por ello es positivo no imponérselas. Para que pueda aceptarlas, en un momento dado, es necesario ofrecerle la posibilidad de hablar de ello. Las reglas se comentan para luego ponerlas en práctica. Conversar no significa aceptarlo todo. Las conversaciones pueden tratar, en particular, del sentido profundo de las reglas, pues se respeta mejor lo que se comprende.

La ley ofrece una opción al joven que, sin ella, se somete sólo a las exigencias pulsionales. La ley le enseña la expectativa, lo otro, la identificación de la falta...

Enseñarle a asumir su responsabilidad

El papel de los padres, profesores y educadores es lograr que el adolescente sea consciente de sus transgresiones y asuma su responsabilidad. Esto se puede conseguir con la sanción. No obstante, es necesario tomar ciertas precauciones para no colocar al adolescente de un modo duradero en situación de hostilidad, bloqueo o rechazo.

En un primer momento, el adulto debe ser creíble a ojos del joven: ¿cómo hacer reflexionar a un adolescente sobre sus faltas si transgrede regularmente las reglas necesarias para la convivencia?

En una segunda fase, se trata de acompañar al joven, de ayudarle a reconstruirse a partir de su acto y de una posible sanción. Es un acon-

COMUNICARSE SOBRE LAS TRANSGRESIONES Y SANCIONES

1. El adolescente se identifica con los adultos que conoce:
- Ponga en práctica usted mismo, lo más a menudo posible, las leyes y reglas sociales a las que todos los ciudadanos están sometidos. Y hágalo de buen grado.
- Indíquele las transgresiones con benevolencia. No lo ataque inmediatamente cuando se niegue a reconocer su acto o busque circunstancias atenuantes. Pregúntele sin ponerse nervioso.
- Acepte que le pregunte él también, sin confundirlo. Cuestiónese a sí mismo. No busque **circunstancias atenuantes**✦, aunque le parezcan perfectamente justificadas.

2. En el ámbito escolar, cuando deba comunicar una sanción:
- Tómese el tiempo necesario para hablar con los padres y el joven a quien debe sancionar. Cree un clima relacional más formal que dramático.
- Repase, antes de empezar, las reacciones posibles del adolescente y de su familia. Intente prepararse y prepararlos para vivir un momento difícil en el que es necesario, previamente, establecer el marco y los límites: mantener el respeto a las personas, aunque no estén de acuerdo con lo que dice el interlocutor, hablar con calma, controlar el vocabulario, etc.
- No «despache» el encuentro. Tómese su tiempo para escuchar y tolerar la primera etapa por la que pasarán el adolescente y su familia (etapa necesaria y equivalente a un trabajo psicológico de duelo), que se manifiesta por la negación de la sanción (cólera o abatimiento). Acepte momentáneamente que le desprecien (dentro de los límites fijados previamente).
- Tómese también el tiempo necesario para proyectar al adolescente hacia un futuro mejor que el momento presente. Propóngale comenzar ya a construir ese futuro.

✦ *A menudo encontramos circunstancias atenuantes como los adolescentes: «Pero yo, generalmente, pongo atención en lo que hago. No es muy grave...» Estas racionalizaciones evitan que nos sintamos culpables porque nuestra conciencia no siempre es permisiva con nosotros.*

tecimiento que debe marcar, hacer reflexionar y no inhibir la reflexión del adolescente. La sanción se inscribe en un proceso dinámico, pues el adolescente cambiará tarde o temprano.

Cuando un adolescente ha transgredido una o varias reglas de convivencia en el centro escolar o en la familia, no hay que exigirle que reconozca inmediatamente su acto o su falta. Las palabras del adulto, que explica al adolescente su posición o que cuestiona su acto, seguramente no caen en saco roto, pero es posible que no surjan efecto inmediatamente. El adolescente necesita tiempo para reflexionar, superar su conflicto interno y asumir las consecuencias de su acto.

comprender los problemas
y saber responder

identificar los trastornos y las conductas de riesgo

comunicarse con el adolescente que sufre

evaluar las conductas patológicas

7

IDENTIFICAR LOS TRASTORNOS Y LAS CONDUCTAS DE RIESGO

A veces, las actitudes y conductas inesperadas, **sintomáticas**♦ o exageradas de algunos adolescentes sorprenden a su entorno, pero no siempre presentan un carácter patológico por ellas mismas.

LA SITUACIÓN ESCOLAR DEL ADOLESCENTE

Algunas de estas conductas son positivamente valoradas social y familiarmente, por ejemplo los actos de gran generosidad o un excelente resultado escolar. Por el contrario, en el ámbito social se desvalorizan otros actos como pueden ser el fracaso escolar y los diferentes actos agresivos que algunos adolescentes practican de un modo a veces impulsivo. Determinadas actitudes confunden al entorno del adolescente porque son signos de sufrimiento del joven como el malestar, la tristeza o el temor ante ciertas situaciones.

El adolescente con fracaso escolar

Algunos padres actúan rápidamente cuando su hijo adolescente presenta dificultades escolares, en especial si tienen aspiraciones relativamente elevadas con respecto a él. Estos padres, normalmente preocupados e inquietos, ponen siempre a su hijo adolescente en tensión. Pero él nunca llega a asimilar esta carga de estrés suplementaria. En general, las dificultades de orden escolar ocupan un lugar central en los padres y constituyen uno de los primeros motivos de consulta al psicólogo o psiquiatra y, sin embargo, consiguen adaptarse más o menos a los problemas más específicamente psicológicos que pueda tener su hijo o hija. Se preocupan en proporción menos cuando su hijo adolescente

♦ El síntoma es la manifestación visible de un trastorno, una emoción, un conflicto, etc., que ha permanecido oculto porque es considerado insoportable por el Yo del adolescente. El síntoma sustituye a la confusión inicial.

presenta problemas psicológicos pero no tiene dificultades escolares. Por tanto, el motivo por el que los padres piden consejo a un especialista suelen ser los problemas escolares. Las dificultades escolares suelen tener un origen anterior, pero en la adolescencia se agravan, en especial cuando el adolescente fue seguido y ayudado en sus estudios durante la infancia. En el momento en que el adolescente empieza a poner distancia entre él y sus padres, tanto en el plano físico como en el psíquico, ya no quiere estar bajo su control. El alejamiento que él desea o exige confunde a los padres, que no aceptan ser apartados, y menos de forma brusca como ocurre a veces. Este alejamiento también desestabiliza al adolescente porque, si no ha adquirido antes una cierta autonomía escolar, le costará cumplir en solitario con lo que tiene que hacer, y en un primer momento se resentirán sus resultados escolares. En ese caso, el joven se arriesga y los padres se preocupan. Si las familias no soportan o no toleran aceptar este riesgo, intentarán buscar un remedio rápido y eficaz acudiendo a un profesional que logre frenar cuanto antes el empeoramiento de los resultados escolares de su hijo adolescente.

EJEMPLO: EDUARDO NO ACEPTA EL ACOMPAÑAMIENTO ESCOLAR

Hasta el último año de secundaria, **Eduardo**, un alumno del montón, siempre ha trabajado bajo el control de su madre. Pero a partir de entonces empezó a no soportar las preguntas de su madre sobre sus lecciones, se negó a las comprobaciones cotidianas y reclamó ocuparse él solo de todo. La madre se alejó un poco, pero los primeros resultados revelaron un fracaso de Eduardo en todas las asignaturas. ■

El éxito escolar

La satisfacción de los padres y profesores es especialmente grande cuando el alumno adolescente se muestra interesado por las materias escolares y supera satisfactoriamente los cursos. Esta conducta pocas veces es objeto de cuestionamiento por parte de las familias y de los profesores porque el adolescente que tiene éxito lo debe, imaginan ellos, a su trabajo y a sus propias capacidades. Así pues, es poco frecuente que se busquen otras causas a esa conducta de excelencia o a ese trabajo intenso, igual que es raro asociarlas a una dificultad o a una falta de madurez psicológica. Sin embargo, estos adolescentes que les gustan a los profesores, eficaces y brillantes, que privilegian las relaciones y los *hobbies* inteligentes, no siempre resisten las dificultades y suelen estar estresados por las estrategias competitivas. Su gran adaptabilidad escolar y social a veces esconde una cierta fragilidad psíquica.

EJEMPLO: PULSIONES AGRESIVAS CONTRA UNO MISMO

Sandra (20 años), una joven aplicada, superó el bachillerato y los dos primeros años de la licenciatura de derecho con excelente.

Empezó estos estudios universitarios por consejo de su madre. Las asignaturas que estudia no le interesan, pero estudia sin desmayo. Sale poco, se permite poco descanso y quiere conseguir unos resultados excelentes. El comportamiento de Sandra no causa ninguna preocupación a sus padres, ni siquiera los trastornos alimentarios que la llevaron a iniciar, hace dos años, un régimen intenso del que salió muy delgada (manteniéndose en el peso más bajo) y con nuevos hábitos alimentarios. ■

Parece que Sandra se ha adaptado a las exigencias escolares en vigor en su entorno social y se adapta a las expectativas de sus padres, para gran alegría de ellos. En realidad, la madre de Sandra ha puesto grandes esperanzas en su hija, a quien desea ver convertida en una gran profesional. Pero la adaptación de Sandra se limita al campo escolar. Y aunque nunca haya entrado en conflicto con sus padres (que, por otra parte, se alegran de ello), ha dirigido las pulsiones agresivas hacia su propia persona a través de unas prácticas alimentarias exageradas (de las que trataremos en el capítulo 9).

Mientras el éxito escolar de los adolescentes sobrevalora a los padres, el fracaso escolar los subestima. Aunque pocas veces el éxito escolar suscite la pregunta, el fracaso escolar sí que está sujeto al interrogante: «¿Por qué mi hijo tiene dificultades escolares si me dicen que es inteligente?» Ahora bien, el éxito y el fracaso pueden esconder o revelar, ambos, dificultades específicamente psicológicas. Tampoco está de más que los padres, en un momento dado del recorrido escolar de su hijo adolescente, hagan un balance de la situación escolar de su hijo y de sus propias actitudes con respecto a sus estudios observando e informándose.

ELABORAR UN BALANCE DE LA SITUACIÓN ESCOLAR Y DE LAS EXPECTATIVAS DE LOS PADRES

1. Observe sus propias expectativas y exigencias con respecto a los estudios de su hijo adolescente: ¿qué desea para él? ¿Desea él lo mismo que usted?
Para realizar esta observación puede obtener una valiosa información preguntando en su entorno, al propio adolescente o a sus profesores.

2. Modifique poco a poco los proyectos que ha concebido para su hijo o hija con el fin de adaptarlos a los deseos y proyectos que tengan él o ella:
   • No se subestime demasiado por los fracasos o dificultades de su hijo, no esté demasiado orgulloso de él si es un alumno brillante.
   • Si tiene dificultades, elógielo cuando logre algún progreso. No exija siempre más de él, en especial cuando haya hecho un esfuerzo considerable para obtener un resultado medio.

3. Permita que se responsabilice en el ámbito escolar para que poco a poco se construya su propia autonomía.
   • Encontrará muchos libros que ayudan a los adultos a apoyar a los adolescentes a lo largo de estos aprendizajes.
   • También existen responsabilidades específicas para los adolescentes, así como sesiones de formación organizadas para los padres, profesores[1], etc.

4. No se centre exclusivamente en los resultados escolares, interésese también por los demás ámbitos de su vida: relaciones con los demás, evolución psicológica, actitudes ante el trabajo, el esfuerzo, la frustración, actividades extraescolares, reglas sociales, etc.
Este inventario puede ayudarle a identificar la presencia de dificultades diferentes de las escolares, a relativizar las dificultades escolares si sólo se trata de eso, o a proporcionarle más argumentos para decidirse a acudir al psicólogo, al psiquiatra, etc.

1. Puede obtener las direcciones concretas en su población.

PASAR A LA ACCIÓN

El adolescente puede tener conductas totalmente imprevisibles en algunos momentos. «Puede pasar cualquier cosa en cualquier momento», dice un profesor de escuela. La incapacidad para prever lo que puede ocurrir sitúa a los adultos en la incertidumbre, aunque también afecta a los adolescentes. Actúan entonces dirigidos por las emociones o por un impulso intenso, y no saben qué hacen cuando actúan porque no pueden controlar ni canalizar sus **pulsiones repentinas e imperiosas♦**.

♦ *La pulsión en estado puro se convierte en acto antes del proceso de reflexión.*

Una modalidad de huida

Estas conductas, que a veces chocan con los actos habituales del adolescente, se imponen de repente antes de que él mismo pueda percibir qué los motiva. El adolescente, incapaz de formular en su interior lo que siente, desbordado o invadido por sus emociones, queda mudo a su pesar por fuerzas inconscientes. Y hace lo que se le pasa por la cabeza y el cuerpo.

EJEMPLOS: HUIR DE UNA SITUACIÓN CONTRADICTORIA

En la escuela, **María** sale de forma brusca del aula durante una clase de matemáticas, bajo la mirada asombrada de su profesor.

El profesor va pasando por las filas después de haber entregado un ejercicio a los alumnos. Al llegar junto a María y mirar su trabajo, le indica la operación que debe realizar, indicación a la que María reacciona pasando a la acción: empujada por una fuerza irreprimible, se levanta ruidosamente y sale de la clase sin atender la pregunta de su profesor: «Pero, ¿qué te pasa?»

Sara (15 años) abandona bruscamente el domicilio familiar después de haber puesto en su mochila algunos objetos personales especialmente queridos. Un vago proyecto la empuja a la estación, donde se sube al tren que va a la gran ciudad, que no conoce. Está bajo los efectos de una emoción intensa pero indefinible. ∎

María explicará más tarde a su profesor que no ha soportado su consejo porque tenía la mente ocupada por muchos problemas personales y familiares que no lograba asimilar. Sara forma parte de ese gran número de adolescentes que, después de las disputas familiares, dificultades relacionales o escolares, rompen de repente con su entorno porque no consiguen alejarse de él físicamente. De este modo intentan huir de la confusión difusa, del malestar inexplicable que experimentan y que no les es posible superar. Son diversas las modalidades de huida que los adolescentes utilizan para poner distancia ante las situaciones internas o externas difíciles de superar inmediatamente. Van desde los gritos o salidas bruscas de una habitación con un portazo, hasta las tentativas de suicidio (ver capítulo 9), pasando por la **huída♦**, las agresiones, etc. Las reacciones de los padres o profesores varían desde la sorpresa a la confusión, según la gravedad del hecho y la experiencia que tienen de estas conductas. Pueden despertar sentimientos invasivos de miedo, angustia o culpabilidad, que sitúan a los adultos en la incapacidad parcial o total de comprender el acto del joven. La comunicación entre ellos y el adolescente puede perturbarse, como consecuencia de esos comportamientos, cuando se llevan a cabo de un modo conflictivo y la agresividad permite a los adultos descargar sus propias tensiones. Con el paso a la acción, el adolescente demuestra una cierta **dificultad de mentalización♦** y hace un llamamiento, una especie de SOS a los adultos que lo rodean para demostrarles con sus actos su incapacidad para afrontar o resolver una situación difícil.

♦ *La huída es una salida impulsiva, brusca, normalmente en solitario, sin un objetivo concreto, en una atmósfera de conflicto y limitada a unos días.*
♦ *La dificultad de mentalización es una imposibilidad parcial o total de expresar con palabras lo que se siente. El adolescente no es consciente de sus percepciones, pulsiones, deseos, tensiones, etc., porque el acto precede a cualquier forma de pensamiento. Si se le dan múltiples ocasiones para que exprese las emociones y sentimientos vividos en cualquier situación, se le ayudará a disminuir la dificultad de mentalización.*

Los múltiples significados de los comportamientos de riesgo

Los padres muy desestabilizados por el paso a la acción de su hijo o hija a veces necesitan, como el adolescente, que se les escuche y anime psicológicamente para llegar a entender los diferentes significados del acto de su hijo. Entonces podrán permitirse reconducir poco a poco sus relaciones para que el adolescente no se vea obligado a repetir su acción. Aunque los padres sean los primeros afectados por estos hechos o por los comportamientos de riesgo de su hijo adolescente, los demás miembros de la familia o profesores, cuando son testigos de estas conductas, también pueden sentirse afectados por este tipo tan particular de intercambio interactivo.

Un **pediatra** recibe en el hospital la visita de urgencia de una joven de 16 años, ya conocida en el servicio, en estado grave. La adolescente, a quien se le ha descubierto diabetes hace un año, no se cuida porque no quiere estar enferma. Vive como si la enfermedad no existiera.

En una clase de secundaria, el **profesor** ha abierto hace un cuarto de hora un debate para que cualquier adolescente que así lo desee hable sobre algo que sea importante para él. Durante el debate, una joven de 14 años pide la palabra y explica que quiere sentir emociones fuertes.

Practica *puenting* desde hace algún tiempo para sentir el peligro. Como es menor de edad, debe presentar una autorización de sus padres antes de saltar. No se ha atrevido a contárselo a sus padres, que «seguramente la matarían si se enteran», pero ha encontrado un adulto, amigo de la familia, que cada vez le firma el papel. ■

La negativa a cuidarse y la huida son medios empleados por algunos adolescentes que sufren enfermedades crónicas como la diabetes, la fibrosis quística, etc., para intentar poner una distancia entre ellos y la patología que los afecta, debido a que ésta les resulta insoportable. Esta estrategia de evitación, totalmente ineficaz, revela que el adolescente concede un lugar preponderante al fantasma que le afirma que es posible desconectarse de su enfermedad. Evidentemente, se trata de una posición de omnipotencia mágica. A través de estos comportamientos de riesgo, que les salen al paso sin necesidad de que vayan a buscarlos, estos adolescentes cuestionan los límites, la propiedad de su cuerpo o su dependencia con respecto a sus padres y médicos: «¿Soy mortal? ¿A quién pertenece este cuerpo? ¿Puedo dejar de tomar medicamentos?...»

Estos jóvenes también se comunican de un modo interactivo asustando a su entorno. Al jugar con su vida, intentan presionar a sus padres y médicos. El riesgo vital, que está en juego como se puede entrever en estas preguntas formuladas a través del cuerpo del adolescente, asusta a menudo a médicos y padres, y explica sus reacciones, a veces extemporáneas, que no facilitan la comunicación con el joven.

La adolescente que practica *puenting* parece buscar un sentido a su comportamiento. Pero lo busca sin saberlo. Es el profesor quien, atendiendo a las explicaciones de la joven sobre la relación de estos acontecimientos con su historia personal, vincula los reiterados saltos de *puenting* a un cambio reciente que la adolescente ha experimentado y sigue experimentando como un verdadero peligro. El comportamiento de riesgo parece ocupar la función de síntoma, un síntoma que le permite intentar controlar el peligro y no quedarse en posición de total pasividad ante los acontecimientos.

Favorecer el diálogo y la reflexión

Ante estos diferentes tipos de conductas, de las que los profesores, educadores y miembros de la familia pueden ser testigo, los adolescentes suelen presentar una cierta capacidad para apoyar y comprender a quienes, a su lado, atraviesan dificultades en el plano personal y social.

EJEMPLO: SOLIDARIZARSE

Acaba de empezar una clase en un centro escolar cuando de repente se abre la puerta con brusquedad y aparece un joven visiblemente afectado por un producto tóxico. Se sienta en su sitio pero en seguida empieza a agitarse. Una chica se levanta de su sitio y se sienta junto a él. Abre su mochila y saca una carpeta, un bolígrafo y comparte con él el libro que la clase está leyendo. Sin hacer ruido, el joven empieza a llorar. Ella le ofrece un pañuelo de papel. ■

CONSEJOS

1. Documéntese sobre la manera de actuar y los comportamientos de riesgo de los adolescentes.

2. Si ha sido testigo de uno de estos actos o si el adolescente se lo explica, propóngale «hablar un momento con él».
   - Durante esa conversación, que no debería desarrollarse en un clima de angustia ni culpabilidad, puede decirle cómo se ha sentido usted cuando lo ha visto u oído, por ejemplo: «Me preocupo por ti.»

3. Si sabe que el adolescente no le hará caso, también puede proponerle reflexionar sobre el significado y las posibles causas de ese acto:
   - No obstante, intente no adelantarse a él en la búsqueda de significados.
   - Es posible que el primer acercamiento le permita evaluar el carácter puntual o repetitivo de esas conductas e identificar las resistencias del adolescente antes de hablar.
   - Después de haber prestado atención a las palabras y los silencios del adolescente, puede sugerirle que busque significados en su interior, o que pida ayuda a una persona experimentada[1] si no puede desembarazarse solo de estas conductas.

3. Intente permanecer atento al adolescente sin que necesariamente tenga que intervenir en otras ocasiones, observando en concreto la solidaridad que aparece entre los jóvenes que lo rodean.

---

1. Existen números de teléfono, anónimos y gratuitos, que ofrecen a los jóvenes una atención individualizada. También es posible acudir a un educador, animador, psicólogo, asistente social, etc.

Los adultos no deben quedarse indiferentes, ni limitarse a reacciones inmediatas (sorpresa, cólera) o a tomar las medidas pertinentes (intervención, llamada a una ambulancia, etc.), sino intentar, en cuanto sea posible, dialogar con el adolescente en un clima de tranquilidad.

LAS CONDUCTAS DELICTIVAS

Algunos adolescentes se libran a actos violentos y delictivos, normalmente en grupo, porque el grupo descarga al adolescente de su responsabilidad individual y disminuye su culpabilidad. En un grupo así, las inhibiciones morales o sociales se rompen porque el jefe hace lo que quiere, o porque los actos violentos y delictivos son bien vistos por el grupo.

Tanto en el espacio público como en el privado, estos adolescentes dañan los bienes o agreden a las personas. Por ejemplo, rompen cristales de los escaparates de grandes superficies comerciales, o dañan o roban productos en otras tiendas. Al pasar por el control de salida, niegan lo que han hecho o se muestran provocadores o agresivos con los vigilantes.

Formados para este tipo de intervención, los vigilantes no reaccionan a los insultos e intentan mantener con ellos un discurso razonado, aconsejándoles que paguen el producto que acaban de robar o destruir.

Cuando es posible, los responsables de las grandes superficies llaman a los padres de estos adolescentes. Pero durante la conversación con los padres, a veces éstos se muestran solidarios con sus hijos (o hijas) y se niegan a reconocer que él (o ella) haya robado uno o más productos: «No es cierto —dicen—. ¡Mi hijo no es un ladrón!»

Cuando el adolescente se siente abrigado por su entorno familiar que, como él niega, **quita importancia**✦ o justifica sus delitos, el mundo exterior se convierte en una fuente de peligros ante los que el adolescente no sólo debe protegerse, sino también defenderse.

La violencia adolescente

Algunos jóvenes toman al pie de la letra la rabia o el furor de vivir que se experimenta frecuentemente durante la adolescencia. Se ponen verdaderamente furiosos y no soportan nada de su entorno.

✦ *La banalización es un mecanismo de defensa que permite minimizar las consecuencias psíquicas del acto cometido. El adolescente que acaba de robar y dice: «No es grave, todo el mundo lo hace» se protege de las emociones y los sentimientos dolorosos que produce la culpabilidad.*

La relación de **Judith** (15 años) con su madre es cada vez más violenta. No tolera ningún comentario ni ninguna pregunta sobre su conducta, sus amigos o sus salidas. Últimamente han sido varias las veces que no ha vuelto a casa por la noche. La madre, preocupada, llama por teléfono a los amigos de su hija. Cuando regresa, Judith se lo reprocha agriamente. Hace poco golpeó a su madre. La joven parece que busca cualquier ocasión para oponerse completamente a las demandas o exigencias de su madre y sorprenderla con sus comportamientos. Ésta ha descubierto entre las cosas de Judith bisturís y jeringuillas que la joven ha obtenido de una enfermera, tía de una de sus amigas.

Consciente de que su hija está sufriendo psíquicamente, le ha propuesto varias veces acudir a un especialista, pero Judith se niega por completo. ∎

Algunos adolescentes se comunican con sus padres o miembros de la familia a través de la violencia. Esta violencia, normalmente verbal, en forma de insultos, también aparece en algunas actitudes despreciativas. A veces, la violencia se repite y la intensidad aumenta a medida que pasa el tiempo; en particular cuando los padres no expresan con suficiente convicción su desacuerdo y su rechazo en relación con esta práctica.

La madre de Judith parece vivir en una paradoja. En realidad, siente curiosidad, a la vez que se muestra comprensiva y tolerante ante las diferentes experiencias de su hija, y está confusa, preocupada por la evolución de esas conductas. Además, no le pone límites claros en forma de prohibiciones explícitas y parece superada por los comportamientos exagerados de su hija. Ésta, por su parte, busca mediante sus actos saber hasta dónde le permitirá su madre llegar.

Ahora bien, en cuanto la madre reacciona, Judith se vuelve puntual y cesan sus huidas nocturnas. De hecho, al regresar de una de ellas, la madre llevó a Judith a la comisaría de policía para que le explicaran lo que acababa de ocurrir. Por petición de la madre, el agente de policía mantuvo una breve entrevista con la joven para recordarle algunas reglas de comportamiento.

La ausencia de normas

El joven del ejemplo siguiente «es movido» por impulsos del momento, que lo conducen a la violencia pura porque no logra contener sus pulsiones agresivas. Vive exclusivamente en el instante presente, en la inmediatez de su pulsión. Se introduce entonces en un espacio temporal entrecortado, discontinuo, en el que los actos son independientes y se suceden sin relación unos con otros. Carece totalmente de puntos de referencia y parece perdido. Es hipersensible a las críticas, se protege de ellas volviéndose inaccesible a lo que sucede a su alrededor y haciendo oídos sordos al sentido de las palabras de los adultos. Abandonado por éstos o habiéndose abandonado a sí mismo, este adolescente no ha encontrado interlocutores lo suficientemente estables como para que pueda hablar tranquilamente y ayudarle a contener su energía pulsional.

EJEMPLO: CUANDO LAS NORMAS NO SON RÍGIDAS

En un centro comercial, un adolescente de 16-17 años agarra una bolsa de dulces. Los vigilantes lo controlan serenamente en el momento de salir, pero él se niega a devolver el producto y empieza a gritar. Al día siguiente vuelve, entra en los almacenes del centro comercial y golpea violentamente al vigilante, quien causa baja durante más de ocho días. El adolescente vuelve ocho días más tarde al mismo centro comercial a hacer sus compras. ∎

EJEMPLO: ESTABILIDAD EN LAS ESTRUCTURAS

La señora L., **juez de menores**, recibe en su despacho a adolescentes que han cometido delitos. En un primer momento, parece que todos entienden lo que les dice, pero algunos lo olvidan inmediatamente al salir. Muchos adolescentes que han cometido delitos no volverán. «Cuando los padres son estructurantes, es decir, también toman posición y apoyan el discurso del juez, se quedan pálidos —dice—, y entienden mis amonestaciones.» ∎

La comunicación con un adolescente que vive fuera de las normas sociales puede surgir efecto, a mediano plazo, si pide un encuentro, un diálogo y si recibe apoyo para modificar su comportamiento. Es importante diversificar las atenciones, permitirle hablar con diferentes interlocutores con distintas perspectivas (somáticas, psicológicas, educativas, judiciales, pedagógicas).

En el campo pedagógico, el adolescente puede beneficiarse de aprender a controlarse a sí mismo: tomar conciencia de lo que le ocurre, no reaccionar en la inmediatez sino concederse plazos, tolerar la frustración momentánea y la espera, sin dejarse invadir por el estrés y el nerviosismo, etc. Este aprendizaje puede realizarse a través de ejercicios lúdicos.

Escuchar para acudir en su ayuda

No obstante, aunque los actos del adolescente del que acabamos de hablar aquí están marcados por la pérdida del sentido de las cosas y la falta de distinción entre unos actos y otros, en otros casos los adolescentes piden explícitamente a los adultos que les rodean la ayuda necesaria para no pasar a la acción.

EJEMPLO: TOMAR SUS PALABRAS EN SERIO

En una clase de un centro escolar, un adolescente de 14-15 años es rechazado por sus compañeros desde principios de curso por lo agresivo y bruto que es con ellos y porque perturba constantemente el desarrollo de las clases.

Tres semanas después del inicio del curso, dos jóvenes, de los más violentos, van a ver al tutor de la clase y le dicen de modo insistente: «Profesor, ¡si ése sigue así, lo matamos!» ∎

Estos dos jóvenes, viendo con sus propios ojos el espectáculo de una violencia que les recuerda la suya propia, se sienten desarmados o poco equipados para controlar o contener de forma duradera su propia agresividad. En este contexto, las palabras de estos adolescentes no deben tomarse a la ligera, hay que escucharlos con atención y procurar entenderlos. Por una parte, se debe prestar más atención a estos jóvenes para captar los diferentes significados posibles de sus palabras; por otra parte, analizando con los educadores implicados las características de la situación, hay que encontrar una o varias respuestas adecuadas que proponer y poner en práctica. Las respuestas pueden concernir tanto al adolescente perturbador, cuyos actos no deben banalizarse, para el que se puede considerar un tratamiento pedagógico o psicológico concreto, como a los otros dos jóvenes, con el fin de ayudarlos a contener sus pulsiones agresivas.

Tolerar las reacciones defensivas

El **director** de una escuela de secundaria recibe en su despacho a un alumno que acaba de insultar a su profesor. Cuando le pide al adolescente que le explique los hechos, éste le responde, como si se tratara de un desprecio: «¡Pero si yo no he hecho nada, no he dicho nada, no he sido yo!»

Después de varias quejas de los inquilinos, un responsable de la comunidad acaba de reñir a los jóvenes que causan continuas molestias al vecindario. Uno de ellos, de origen africano, le corta la palabra para decirle: «¡Esto lo dice porque es racista!» ■

Este tipo de reacciones, parecidas a las de Tomás y Juana de la página 112, molestan a menudo a los adultos cuando se enfrentan con ellos. Tienen la impresión de que el adolescente «se ríe de ellos», de que intenta dar la vuelta a la incómoda situación de agresor o culpable en la que se encuentra. En efecto, para el joven, se trata de invertir el proceso para situarse él en posición de víctima (víctima de un error o del racismo) y poner al adulto en posición de culpable. Esta estrategia, cada vez más utilizada inclusive por los adultos, evita de un modo mágico que el adolescente sienta las tensiones, remordimientos y penas que produce la culpabilidad. Revela la presencia de una conciencia infantil autoritaria y tiránica que el adolescente no puede soportar y ante la cual huye con toda la energía de la desesperación. Para los adultos, se trata de no dejarse desestabilizar por estas palabras, de no caer en la trampa que les tiende el adolescente, de no pillarle a él en la trampa queriendo que confiese su acto inmediatamente. Estos adolescentes suelen necesitar tiempo para darse cuenta de lo que han hecho y asumir su acto. Los adultos pueden intentar acercarse al adolescente diciéndole que realmente es difícil aceptar ser el autor de actos incívicos o delitos. Luego podrán llevar progresivamente a este joven (mediante entrevistas individuales y sucesivas, cuando sea posible) a reflexionar sobre la vida en comunidad y sobre sus actos.

COMUNICARSE CON EL ADOLESCENTE QUE SUFRE

8

Las actitudes, sentimientos y emociones que los padres manifiestan con respecto a sus hijos adolescentes surten efecto o se repiten en su hijo o hija, que reacciona en consecuencia y a su manera. El adolescente adapta sus reacciones a la intensidad de las actitudes, sentimientos y emociones de los padres. A su vez, los padres vuelven a reaccionar. De este modo empieza una cadena de interacciones incesantes entre los adolescentes y sus padres. Algunas veces estas interacciones son defensivas o provocadoras, y están cargadas de significado. Pueden vivirse dolorosamente por todos, en especial cuando son exageradas por alguna de ambas partes.

PADRES DEBILITADOS

La adolescencia del joven puede proporcionar a los padres la ocasión de retomar el trabajo que hicieron en la suya propia y de intentar ajustar las cuestiones que hubieran quedado sin respuesta, como preguntas sobre sus deseos, su propia juventud, su identidad, la relación con sus propios padres, etc. Pero pueden estar tan debilitados por la adolescencia de su hijo o hija, que traten de protegerse de una posible desestabilización personal no queriendo ver ni evaluar determinadas actitudes y conductas exageradas de su hijo.

En el capítulo anterior mencionábamos a los jóvenes cuyos padres niegan o quitan importancia a las conductas delictivas. Esta actitud se vuelve a encontrar en los padres que apoyan a su hijo cuando se encuentra con dificultades, en el marco escolar o social, o ha cometido una falta contra las reglas en la institución que frecuenta.

El director de la escuela llama al padre de **Enrique** porque su hijo ha llevado una «arma de fuego cargada». El padre, tan tranquilo, justifica la conducta de su hijo aduciendo los riesgos de agresión a los que se expone el chico tanto en el exterior como en el interior del centro. El padre rechaza la sanción prevista para los alumnos en casos como éste.

Manuel (13 años), en un arrebato de violencia, destruye una gran parte del material durante un campamento de verano en el que participa.

Los padres de Manuel son llamados urgentemente por los responsables del campamento, pero éstos se niegan a recoger a su hijo. ■

Los interlocutores de los padres a menudo perciben estas actitudes de permisividad o de hipertolerancia a los comportamientos desviados del adolescente. Se sienten confundidos porque esos comportamientos les parecen totalmente inadecuados en el marco educativo. No obstante, en la mayoría de casos, se trata de actitudes defensivas, porque esos padres están completamente desestabilizados por el acto o por las impresiones negativas sobre su hijo o hija. Son apreciaciones que los subestiman a ellos mismos y les pueden llevar a justificar, quitar importancia o negar las conductas de su hijo adolescente.

La madre de **Jorge** ha sido convocada en la comisaría de policía porque su hijo acaba de ser detenido en flagrante delito de violencia. Además, ha insultado a los funcionarios de

la policía que lo arrestaban. La madre no deja de repetir: «No es posible, mi hijo no ha hecho eso. Es un chico amable. Siempre está dispuesto a ayudar. No puedo creerle...» ■

Algunos padres no reconocen a su hijo adolescente en lo que les explica el profesor, educador, policía o juez porque no presenta estas conductas en su presencia. A veces hay una diferencia tan grande entre cómo se comporta el adolescente en el entorno familiar y en el espacio social, que sus padres quedan completamente confundidos. No comprenden lo que ocurre, se refugian en el rechazo a entender y creer lo que les dicen.

Por tanto, es útil informar previamente a los padres, a todos los padres, porque todos los adolescentes pueden cometer, en un momento dado, actos totalmente imprevistos, en contradicción total o parcial a sus conductas habituales, en particular cuando están en grupo, con otros adolescentes. Los interlocutores de sus padres deberían estar in-

formados, ellos también, para que comprendan tanto las conductas adolescentes imprevisibles como las actitudes defensivas de los padres. De este modo evitarían embarcarse en discusiones sin fin que sólo llevan a ambas partes a una mayor agresividad.

Superar las conductas defensivas

La comunicación con estos padres puede resultar, pues, bastante difícil en ocasiones. Es importante que quienes deban controlar estas situaciones sean agradables tanto con el joven como con su familia. Es necesario explicarles las reglas, las consecuencias de los actos cometidos y las sanciones correspondientes.

Ante los responsables que apoyan y justifican las transgresiones del adolescente, es deseable que el educador u orientador no se ponga a discutir, sino que diga al adolescente, delante de sus padres, que no está de acuerdo con las posiciones verbales que éstos han expresado, sin pedirle al joven que tome partido por uno u otro bando.

Las actitudes defensivas protegen a estos padres en el ámbito psicológico, especialmente de la depresión o culpabilidad.

EJEMPLO: LAMENTARSE EN LUGAR DE SOLUCIONAR

La señora J., madre de un joven de 15 años, llora al hablar de las «tonterías» que hace su hijo continuamente. «¿Cuándo dejará de hacerme sufrir?», responde a cualquier persona que le pregunta por su hijo. ■

La señora J. está hundida porque se cree responsable y quizá culpable de la conducta de su hijo. Si se protegiera detrás de las actitudes defensivas mencionadas, no estaría tan preocupada.

Así pues, la banalización, la hostilidad y la agresividad verbal de los padres ante quienes les muestran las faltas de su hijo adolescente son conductas defensivas. De este modo evitan cuestionarse sobre la responsabilidad que les incumbe y sentir culpabilidad. En el registro defensivo también podemos incluir la inquietud, bastante frecuente en cualquier padre que teme traumatizar a su hijo o hija si se niega a acceder a su demanda o tiene miedo de que pase a la acción después de una sanción.

EJEMPLO: TEMER LA CONDUCTA DEL ADOLESCENTE

«Tengo miedo, cuando le castigo, de que mi hijo haga alguna tontería, que huya o que desahogue su enojo con alguien. También me preocupé mucho cuando lo sorprendieron fumando en los lavabos de la escuela y estuvo tres horas castigado», dice la madre de un adolescente de 14 años. ■

Permitir que el adolescente se cuestione

Las actitudes de permisividad o de hipertolerancia familiar explican algunas conductas repetitivas del adolescente, excesivas para algunos, pero que no parecen preocupar a los padres. Es cierto que esas actitudes pueden traslucir elementos de la problemática familiar, pero dificultan el trabajo sobre los límites con el adolescente. La cuestión que se plantea es la de cómo alertar a un joven sobre su comportamiento, cuyo carácter posiblemente patógeno se percibe, cuando sus padres lo toleran y las conductas sociales se refieren actualmente a normas que han pasado a ser individuales. No se trata de insistir en el carácter normal o patógeno de la conducta del adolescente, sino de permitirle que se cuestione los posibles significados de ésta e identifique el grado de sufrimiento que vive para que cambie de conducta.

EJEMPLOS: PADRES MUY PERMISIVOS

Clara (19 años) vive con sus padres y tres hermanos y hermanas. Multiplica las parejas temporales y las experiencias sexuales bajo la mirada de sus padres, que toleran, en su casa, la presencia incesante de las nuevas y múltiples conquistas de su hija.

Marcos (16 años) fuma marihuana con sus padres. Asiste a una escuela en la que está prohibido fumar (incluso los productos sometidos a la legislación de estupefacientes). Sin embargo, Marcos ha fumado marihuana con sus compañeros en el patio. Los padres, convocados por el director de la escuela, no han entendido que su hijo sea expulsado temporalmente tal como establece el reglamento académico. ■

Acudir a una tercera persona

El contexto defensivo familiar no siempre facilita la búsqueda del significado de las actitudes, comportamientos o síntomas, especialmente si la familia se sitúa en un enfoque técnico, busca una explicación «científica» o exige un diagnóstico preciso y un tratamiento médico.

EJEMPLO: NO AFRONTAR EL PROBLEMA

Cristina (15 años) es una excelente alumna de secundaria en su centro escolar. Desde los primeros meses de un nuevo curso manifiesta algunos síntomas: cansancio repentino, imposibilidad de caminar y necesidad de que la sostengan para no caer.

Se somete a múltiples pruebas médicas que no proporcionan ningún resultado significativo. Los padres están furiosos porque los médicos no encuentran nada. Niegan el componente psíquico de los síntomas de su hija y no quieren ni oír hablar de una consulta psicológica. La joven permanece en casa y sigue las clases por correspondencia.

Al año siguiente vuelve a la escuela pero sólo media jornada. Justifica las ausencias a sus profesores por un «virus recién descubierto». ■

La hostilidad ante el tratamiento psicológico es una defensa a la que los padres pueden recurrir para protegerse cuando no quieren afrontar un problema o el sufrimiento de su hijo o hija. Tal actitud puede influir en el adolescente y colocarlo también en contra de dar un significado a lo que hace por temor, quizá, a desestabilizar a sus padres.

Cuando el adolescente acepta y asimila las resistencias familiares, se prohíbe a sí mismo, para protegerlos, aceptar lo que explicaría sus síntomas y le permitiría salir del *impasse* en el que se encuentra.

Una tercera persona puede contribuir a que el adolescente se despegue sin demasiado conformismo de las reacciones familiares cuando sus padres quitan importancia o se niegan a oír la dimensión psicológica que se esconde detrás de una conducta exagerada, rara, incapacitadora, etc. Esa tercera persona puede ayudar al joven a empezar el trabajo que debe hacer. Fue el caso de Cristina cuando volvió a la escuela. La enfermera acudía constantemente a clase porque la joven se caía a menudo. Cristina pasó mucho tiempo en la enfermería. La enfermera se negaba a avisar inmediatamente a su madre, como ella le pedía, y hablaba con Cristina para encontrar el motivo de su síntoma. Poco a poco, la adolescente empezó a caminar sin ayuda, aunque durante algún tiempo todavía siguió cayéndose delante de su madre.

CONSEGUIR LA AYUDA DE UN ADULTO

Comunicarse con un adolescente que sufre

Elvira pregunta a su orientador qué debe hacer porque su padre le pega.

Rosa (19 años) está en conflicto con su madre desde hace mucho tiempo y su padre acaba de abandonar el domicilio. La madre está hundida por el abandono y la joven, que ahora se encuentra en relación de uno a uno con ella, la consuela.

Rosa, que es responsable de un grupo de adolescentes en un movimiento de juventud, encuentra en el responsable adulto del movimiento una atención que le permite tomar distancia con lo que está viviendo.

Varios jóvenes de 15-16 años han pedido ayuda a su tutor en la escuela sobre lo que deben hacer con respecto a un compañero que acaba de perder a su padre. ■

A veces ocurre que varios jóvenes busquen entre los adultos que los rodean a alguien con quien puedan hablar a solas. En ocasiones lo hacen porque quieren hablarle de otro joven que les preocupa. Como estas actitudes surgen sin previo aviso, a veces sorprenden a sus interlocutores, quienes después de hablar con ellos dicen: «¡No me lo esperaba!»

Descartar las respuestas rápidas

Los adultos pueden sentirse desarmados, no saber qué hacer respecto a lo que les han contado, pues no están preparados para afrontar este tipo de situaciones. Sobre todo, temen responder de un modo inadecuado al joven que les consulta, pues creen que éste espera una respuesta rápida, una especie de receta que pueda utilizar en seguida.

Con gran frecuencia, las personas que se relacionan con los adolescentes en el ámbito escolar o social reciben, por casualidad en una conversación, informaciones sobre su pasado y las relaciones con sus padres. Suele tratarse de informaciones que confunden a los adultos y no los dejan indiferentes, pero no saben si es necesario reaccionar ni cómo.

Dos hermanos de 13 y 14 años realizan una actividad extraescolar en la que están bien adaptados. Al regresar de unas pequeñas vacaciones en Semana Santa, presentan una gran agresividad, que alternan con momentos de encierro en sí mismos e inhibición exagerada. Tales comportamientos alertan a los responsables de la actividad que, después de escu-

char a los jóvenes y a su madre, descubren que estas conductas son una reacción a un acontecimiento importante. En efecto, el padre de los dos adolescentes estaba de vacaciones durante esos días, pero la madre no, pues trabajaba. Sin saber qué hacer con sus hijos durante esos días, el padre los llevó a casa de su amante, que los niños no sabían que existía.

Un adolescente se queda a hablar con su profesor la tarde anterior al inicio de las vacaciones de Navidad. Empieza un diálogo entre ellos durante el cual el adolescente expresa la poca ilusión que se hace ir a practicar deportes de invierno con su padre. Ante la sorpresa del profesor, responde: «¡Oh! Usted no sabe que mi padre me preocupa mucho. Se porta fatal, especialmente con las mujeres. Yo no sé dónde esconderme. Y como mi madre está enferma, se queda en casa. Entonces: ¡me alegrará volver a clase!»

Unos adolescentes de 12-13 años, después de un viaje escolar de varios días, son recibidos, hacia las 21 horas, en el andén de la estación por sus padres. Uno de ellos todavía sigue allí 20 minutos después de que sus compañeros se hayan marchado. El profesor que espera con él le pregunta: «¿Sabes qué ocurre?» «Es normal —responde el adolescente desengañado—, mis padres no vendrán a buscarme hasta que se acabe la película de la tele.» ■

Comunicarse con un adolescente que parece sufrir no significa ni sumarse a su sufrimiento ni encontrar soluciones inmediatas que proponerle, ni ser invadido por la compasión hasta el punto de quitarle importancia a sus conductas sintomáticas. Es deseable que el interlocutor empiece poniéndose a trabajar, es decir, que identifique los efectos que esta palabra provoca en él y las expectativas que el adolescente abriga hacia él (en particular si debe hacer algo al respecto). En algunos casos se puede tomar como modelo a seguir las estrategias sociales, psicológicas y jurídicas existentes, como por ejemplo las relativas a los malos tratos. De este modo, el orientador del campamento vacacional no debe contentarse con escuchar a Elvira y hablar con ella de los malos tratos que le inflige su padre, porque ese tipo de hechos caen bajo el peso de la ley.

Crear una «unidad de reflexión»

Si se forma parte de un ambiente escolar o social donde hay que atender a adolescentes que sufren y a sus padres, se puede intentar la creación local de una o varias «pequeñas unidades de reflexión».

Apoyarse en el entorno familiar

Los adultos próximos al entorno familiar, como abuelos, tíos, tías y amigos, a veces son testigos de situaciones o acontecimientos dolorosos, de relaciones difíciles entre padres y adolescentes o perciben trastornos psicológicos en un joven que quizá los padres no hayan identificado.

CONSEJOS

CONSTITUIR UNA UNIDAD DE REFLEXIÓN

1. Cada unidad, compuesta por 3 o 4 personas, se dedica al intercambio de puntos de vista, al análisis de las informaciones recogidas y a la elaboración de estrategias de intervención.

   Ello evitará las consecuencias de la relación en solitario con el adolescente, una soledad que puede crear angustia y conducir a actuar con demasiada precipitación o a no actuar.

2. La unidad de reflexión puede reunirse a petición de cualquiera, cuando uno de los miembros del grupo es testigo directo o indirecto de palabras o actos de adolescentes que revelan un sufrimiento psíquico:
   - Es deseable que la palabra pueda circular libremente entre los miembros de la unidad, pero que no salga de ahí.
   - También es preferible no hacer juicios de valor delante del adolescente o su familia sobre las actitudes o conductas del joven. Pero estas apreciaciones pueden realizarse y trabajarse dentro de la unidad de reflexión.

3. La unidad de reflexión permitirá:
   - Evaluar los trastornos del adolescente, la profundidad de su sufrimiento, la repetición de los síntomas, etc.
   - Decodificar los diferentes sentidos del discurso o de los actos de un joven, especialmente el carácter interactivo de sus comportamientos.
   - Evaluar la necesidad de una reunión urgente con los padres del joven, pues se trata de no acceder demasiado rápido a la demanda de un adolescente cuando éste no quiere que otras personas se reúnan con sus padres. Aunque afirme su determinación a hablar con ellos él mismo, en el último momento puede refugiarse en la huida (tentativa de suicidio) para no afrontar esa entrevista.

En general, en las familias o entre amigos se comentan estos acontecimientos, las dificultades psicológicas que afectan a los miembros del
grupo, pero normalmente sin las personas afectadas.

Los familiares y los amigos expresan entre ellos las inquietudes, dan
su opinión y proponen soluciones, pero no se atreven a hablarlo directamente con quienes se enfrentan a estas dificultades, o a veces lo
hacen sin precauciones y producen más bloqueos psíquicos que acción
en sus interlocutores.

EJEMPLO: INTERVENIR, PERO... ¿CÓMO?

La señora M. explica a una amiga su preocupación por una de sus nietas, de 16 años, que ha dejado de comer. Parece que sus padres no se han dado cuenta. La señora M. desea alertarlos, pero no sabe cómo hacerlo. ∎

Si es necesario intervenir, en particular cuando se ve que los padres
o el adolescente parece que no se dan cuenta, es crucial hacerlo a solas con el adolescente o con sus padres, y explicar lo que uno mismo
siente. Ante un padre que manifiesta un comportamiento de rechazo,
indiferencia o agresividad con respecto a su hijo adolescente, parece
más apropiado decirle con calma y tranquilidad: «Los veo, a ti y a tu
hijo, y me preocupo por ustedes. Me gustaría poder hablarlo contigo»,
en lugar de dramatizar la situación o culpabilizar al padre.

SUSCITAR LA DEMANDA DE AYUDA

La evolución de una relación conflictiva entre el adolescente y sus padres depende de muchos factores, como la intensidad y duración del
conflicto, el contexto familiar y social, etc. Cuanta más agresividad
exista por una u otra parte, más degradada estará la imagen que tienen unos de otros, habrá menos respeto y comunicación entre ellos y,
por tanto, más necesario será acudir al psiquiatra o al psicólogo para
salir de esa situación intensa y repetitiva. Pero el tratamiento implica
una demanda, una demanda que presupone en sí misma el reconocimiento de un sufrimiento lo suficientemente intolerable como para desear que desaparezca.

Los testigos de estas relaciones degradadas entre padres y adolescentes (familia, amigos, educadores, asistentes sociales, médicos, etc.) no
tendrán el papel de hacer que la relación difícil se modifique, sino de
intentar despertar lentamente la demanda en el adolescente, o en uno
o ambos padres. Una demanda que, una vez madura, podrá llevarlos a
un centro médico o psicológico, a la consulta de un psiquiatra o psi-

cólogo. Esta demanda puede despertarse hablando con el adolescente o con sus padres, comunicándoles **informaciones◆**, **direcciones◆**, títulos de obras, etc., que contribuirán poco a poco a sensibilizarlos.

Cuando los padres son intolerantes con su hijo adolescente

Algunos padres tienen una imagen negativa de su hijo o hija, lo subestiman y lo convierten en objeto de críticas incesantes.

Normalmente, su opinión sobre el adolescente se ha construido a lo largo del tiempo a partir de múltiples tonterías, exageraciones y conductas del joven que los padres no pueden tolerar a partir de un momento dado.

EJEMPLO: COLGARLES LA ETIQUETA DE INTOLERANTES

Marcos tiene 13 años y hace muchas barbaridades, como romper los cristales de la casa repetidas veces jugando al fútbol en el jardín, a pesar de las prohibiciones de sus padres; o imitar la firma de sus padres en las notas de la escuela, etc. Además, se pelea constantemente con sus hermanos y hermanas. Su madre acaba de descubrir que entraba en su habitación durante su ausencia y se ponía sus vestidos.

Esta última conducta la preocupa tanto que exclama: «¡Ya no puedo soportarlo más!» ■

◆ Algunas instituciones o asociaciones ofrecen, mediante la comunicación telefónica (llamadas casi siempre gratuitas y anónimas), atención, consejos, información, etcétera.

Marcos forma parte de los jóvenes cuya sólida y seria reputación de «adolescentes insoportables» los precede. Los padres, la familia y los profesores comparten algunas veces la misma apreciación sobre estos jóvenes que se hacen notar en todas partes de un modo más bien negativo y que producen una actitud de hostilidad rápidamente en los adultos, incluso de rechazo. Aunque a primera vista pueda parecer evidente que el adolescente es responsable de la etiqueta que se le ha colgado, al observar las relaciones desde más cerca constatamos que no siempre es así.

Algunos padres son intolerantes con las conductas de su hijo o hija cuando llega a la adolescencia. No es tanto al adolescente en sí mismo a quien no soportan, sino el período que está atravesando. Es un período que reactiva sin duda elementos dolorosos de su propia adolescencia, y que el adolescente exprimirá hasta el máximo. No obstante, al adolescente lo marca la mirada que recibe, presenta una gran capacidad de adaptación a las imágenes y a las expectativas de sus padres con respecto a él. Es tan conformista que tiende a satisfacerlas y no se permite contradecir una opinión que un padre o un profesor le han expuesto. Si sus padres lo consideran insoportable, aunque esa imagen le duela, puede llegar a serlo realmente, bien por desesperación, bien para ajustarse a sus expectativas, bien para provocarlos por su hostilidad. Igual que un camaleón, el adolescente se identifica con las opiniones que tienen sus padres sobre él. Si ellos prevén un futuro oscuro para él, si piensan que «no lo logrará», a veces pueden abocarlo, sin saberlo, al fracaso. De este modo, el adolescente puede quedar destruido por una opinión que lo infravalora, o al contrario, dinamizado y reforzado por una opinión que cree en él y le da confianza.

Cuando un adolescente siente odio hacia uno de sus padres

Del mismo modo que algunos padres a veces tienen una opinión negativa de su hijo adolescente, los adolescentes pueden dedicar palabras agresivas, incluso de odio, a uno de sus padres.

Actitudes de rechazo, críticas constantes hacia las figuras parentales son frecuentes durante la adolescencia porque permiten que el adolescente desidealice a sus padres. A través de múltiples reproches, el adolescente aprende poco a poco a verlos tal como son y no como se los imaginaba. En general, esas actitudes no alteran las buenas relaciones de base entre los adolescentes y sus padres.

Algunas veces las críticas se centran exclusivamente en uno de los dos padres y son alimentadas por la familia o por el otro progenitor.

EJEMPLO: SONIA ODIA A SU PADRE

Sonia vive sola con su madre desde que se separó de su padre y siempre ha oído a su madre quejarse de su ex marido: nunca ha pagado con regularidad la pensión alimentaria de su hija y, desde hace dos años, «¡ni se la queda durante las vacaciones!» Ante estos antecedentes Sonia siente un fuerte rechazo hacia su padre. ■

Cuando uno de los padres habla delante del niño o adolescente con rechazo del otro, basándose en las faltas objetivas de ése, el joven es obligado o se siente obligado a tomar partido por el progenitor con el que vive. Esta situación no ayuda al adolescente a constituirse figuras parentales suficientemente ambivalentes, ni totalmente perfectas ni completamente insoportables. Al contrario, acentúa el mecanismo de disociación porque el progenitor ausente se convierte en el «malo» en quien se centran las pulsiones agresivas del joven.

EJEMPLO: DESMITIFICACIÓN DE LA FIGURA PATERNA

A los dieciocho años **Eva** se instaló en casa de su padre. Pero las relaciones en seguida se tornaron conflictivas. Eva buscaba el padre ideal, una imagen que se había inventado para contrarrestar las opiniones de su madre, y con el paso de los días se fue dando cuenta de que su padre no respondía a sus expectativas.

Decepcionada, Eva abandonó a su padre. Quince años después habla sin parar de ese padre que no pudo soportar pero sin el cual no puede vivir.

CONSEJOS

1. Cuando un adulto (padre, profesor, etc.) tiene una mala opinión de un adolescente de su entorno, tómese tiempo para observar y escuchar antes de actuar:
   - ¿Cómo lo perciben los demás adultos (entorno familiar, escolar, etc.) y sus amigos?
   - ¿Cómo interpreta esa relación? ¿Concuerda con la imagen de él que perciben los adultos?
2. Si usted mismo está en conflicto con él, o si le resulta insoportable, haga una lista de los reproches que le haría y también de los aspectos positivos (cualidades, capacidades, intereses, etc.) que le ve para construirse una imagen de él menos sesgada y más ambivalente. Controle sus reacciones espontáneas ante él cuando sean negativas y repita en voz alta los pensamientos automáticos que le pasan por su cabeza para construirse interiormente una actitud benevolente.
3. Si los padres subestiman a su hijo adolescente ante usted:
   - Preste atención pero no reaccione.
   - No tome partido ni a favor ni en contra del joven.
   - Hágales ver los demás aspectos de su hijo o hija.
   - Recuérdeles el conformismo de los adolescentes, que obedecen a las etiquetas que los adultos les ponen.
   - Intente facilitar a esos padres una imagen futura de su hijo adolescente mejor de la que tienen por el momento.

EVALUAR LAS CONDUCTAS PATOLÓGICAS

9

Distinguir claramente a esta edad las conductas normales de las conductas patológicas es una tarea difícil de realizar con seguridad, pues si inscribimos las diferentes conductas exageradas de los adolescentes en una patología, podemos llegar a considerar que todos los adolescentes presentan, en un momento dado, conductas patológicas.

Sin embargo, durante la adolescencia, el comportamiento no puede ser el único factor que resulte determinante de un carácter normal o patológico.

Aunque la cuestión de la psicopatología durante la adolescencia preocupa a los adultos, los adolescentes también se enfrentan con regularidad a esta cuestión.

LA EXPRESIÓN DEL MALESTAR POR PARTE DEL ADOLESCENTE

El adolescente tiene múltiples modos de plantear y plantearse la cuestión de la normalidad de su conducta. Cuando lo expresa de un modo interactivo, mediante actos especialmente exagerados que contradicen su conducta habitual, sus interlocutores no siempre captan el sentido de su pregunta.

Y cuando se plantea esta cuestión a sí mismo y a los otros al mismo tiempo, identificando los trastornos y las conductas de riesgo, no siempre esconde la angustia que aparece detrás de ese interrogante que puede confundir a sus interlocutores.

Cuatro adolescentes de 15 años se encuentran con el educador de un centro de ocio, fumándose un cigarro de marihuana y con una gran botella de cerveza abierta y consumida hasta la mitad. «El sábado por la noche estuvimos con tres colegas —explica riendo uno de los adolescentes a sus amigos— y se nos pasó la mano. ¡La gente pensaba que estábamos locos!»

Los **alumnos** de una clase de secundaria son informados de que vendrá una persona externa a hablarles de urbanidad. Se les detalla que se trata de un psicólogo. Durante el primer encuentro con él, muchos jóvenes le preguntan un poco angustiados y de manera repetitiva: «¿Por qué tenemos que ver a un psicólogo? ¿Acaso estamos locos?» ■

El adolescente puede plantear esta pregunta a los adultos y, posiblemente, percibir a través de la inquietud que se produce si transgrede los límites sociales y psicológicos que separan y distinguen unas conductas de otras. Sin duda éste es el caso de los cuatro adolescentes que provocan al educador y quizá intentan que él evalúe, con cada uno de ellos, el carácter patógeno de su conducta, haciéndole reflexionar sobre su dependencia de los productos que exhiben. El adolescente también puede jugar con esta pregunta, como en el segundo ejemplo, y explicar la experiencia, a través de este juego, de lo que le parece que es una conducta patológica. Pero esta pregunta también puede revelar interrogantes angustiosos de los alumnos de la clase sobre la normalidad de sus actitudes y conductas.

Identificar la ansiedad o angustia

La angustia suele estar presente durante la adolescencia. Es una reacción puntual, temporal, relacionada con una transformación psíquica o un acontecimiento ansiógeno. Su función es alertar al Yo, para que pueda hacer lo necesario para reorganizarse o prepararse ante una situación más o menos difícil. Pero el adolescente no siempre da este significado psíquico a sus actitudes y conductas.

Luisa y **Lucas** dicen constantemente que se sienten muy estresados por los resultados escolares obtenidos últimamente.

Están cansados, agotados después de algunos días especialmente cargados y, por momentos, sienten un terrible miedo a su futuro. Ambos envidian a **Maxi**, que siempre está contento de sí mismo, incluso cuando «ha reprobado todo». Éste se muestra particularmente optimista y exuberante, pero puede enojarse o encerrarse en sí mismo tan repentinamente que sorprende a sus amigos. ■

¿DETRÁS DE QUÉ ACTITUDES Y CONDUCTAS PUEDE ESCONDER SU ANSIEDAD EL ADOLESCENTE?

- Se siente tenso e incapaz de relajarse rápidamente.
- Normalmente está cansado o le duele algo.
- Expresa temores sobre su futuro.
- Se preocupa principalmente por sus resultados (escolares, deportivos, etc.).
- Siente no ser más o no tener más.
- Es excesivamente optimista y desbordante.
- Se irrita con facilidad.

Las actitudes y conductas mencionadas también pueden tener otros significados psicológicos.

La **ansiedad** es un sentimiento penoso vinculado a la espera de un acontecimiento que se vive como desagradable. A veces se confunde con el estrés.

¿DETRÁS DE QUÉ ACTITUDES Y CONDUCTAS PUEDE ESCONDER EL ADOLESCENTE CIERTA DOSIS DE ANGUSTIA?

- Se opone a sus padres y profesores, está en conflicto con los demás.
- Teme haber contraído una enfermedad grave (cardíaca, sanguínea).
- Expresa temores respecto a las partes de su cuerpo directamente relacionadas con el desarrollo de la pubertad (talla, seno, peso, voz en los chicos, etc.).

La **angustia** es una ansiedad a la que se asocian una serie de manifestaciones somáticas, neurovegetativas y viscerales.

Luisa y Lucas reconocen que a veces se sienten un poco ansiosos, «pero es normal, añaden en seguida, es por las clases». Maxi no comprende que se le considere angustiado: «No es posible, dice, siempre estoy contento de mí mismo.»

Estas actitudes defensivas, que consisten en centrarse en las causas objetivas de la ansiedad o en negar la angustia, no son demasiado sorprendentes, pues la ansiedad y la angustia suelen esconderse detrás de conductas tan normales, o tan contrarias a ellas, que a nadie se le ocurriría encontrarlas ahí.

Sin embargo, la angustia también puede llegar a ser patológica cuando invade y hunde totalmente al adolescente cuyo Yo, tomado por sorpresa, es incapaz de reconocerla y adaptarse a ella. El adolescente se siente desarmado ante el ataque de pánico. No percibe su angustia y no puede expresarla con claridad. En ese caso el adolescente reacciona de maneras muy diferentes:

— Si reacciona de un modo somático, puede tener dolores, palpitaciones que lo enloquecen, tener miedo a morir o estar convencido de que ha contraído una enfermedad que es imposible curar con medicación. Éste era el caso de Cristina, tratado en el capítulo 8. Si reacciona de un modo emocional, puede experimentar una inquietud exagerada o de pánico sin motivo aparente.

— Si reacciona con actos, puede pasar a la acción de modo agresivo hacia sí mismo, hacia otros o huir.

— Si reacciona de un modo psicológico, puede deprimirse, debatirse ante las dudas, encerrarse en sí mismo y tener miedo de salir de casa o de volverse loco.

EJEMPLO: TEMOR E INSEGURIDAD

Miguel no quiere salir de casa y se niega a ir al centro escolar. En la calle, tiene la impresión de que todo el mundo se fija en su nariz, que según él es enorme, deforme y se avergüenza de ella. Cuando alguien ríe a su alrededor, cree que se está burlando de él. Miguel se queda en su habitación porque es el único lugar en el que se siente seguro. ■

---

*Los temores dismorfofóbicos son preocupaciones extremadamente intensas sobre la estética del cuerpo y que se parecen a ideas obsesivas.

Desea modificarse la nariz mediante cirugía estética, y solucionar así todos sus males. El chico no percibe la angustia que se esconde detrás de estos **temores dismorfofóbicos***. Su angustia se expresa a través de un síntoma fóbico: negarse a salir de casa.

Cuando las personas que rodean al joven aprenden a percibir la angustia allá donde ésta se muestra, deben ponerla en palabras, palabras para el adolescente con el fin de que él pueda reconocerla a su vez. Se trata, pues, para los padres, de no responder en su mismo registro al hijo o hija que presenta repetidas quejas somáticas y multiplica las consultas médicas. Es preferible que atraigan su atención hacia la dimensión psíquica que se atisba detrás de estos temores.

No percibir el malestar

Es bastante frecuente que el adolescente no pueda o ni quiera ver ni saber lo que le ocurre psíquicamente.

En nuestra sociedad, la persona que expresa un malestar o dificultades psicológicas suele experimentar una opinión social poco benevolente hacia ella. Además, puede ser etiquetada rápidamente de enferma mental, «chalada, loca, etc.». Dado que el sufrimiento psíquico tiene una imagen social más bien peyorativa, apenas nos arriesgamos a percibirlo, reconocerlo y asumirlo.

En este contexto, las manifestaciones de un malestar (frecuente durante la adolescencia) suelen experimentarse de un modo difuso y no siempre son objeto de una toma de conciencia o elaboración mental. El adolescente es entonces incapaz de expresar lo que le ocurre y lo que siente. El malestar, que está presente, puede llegar a ser tan intolerable que el adolescente intente poner fin a ello de forma brusca.

EJEMPLO: EL MALESTAR LATENTE

A **Nina** le cuesta dormir desde hace tiempo, según ella demasiado. Durante el día, no puede concentrarse y ello la preocupa.

Cada noche se toma un somnífero que saca del botiquín de la casa. Después de un día difícil, en el que ha obtenido unos resultados escolares muy malos, Nina, especialmente tensa físicamente, se toma el contenido del frasco de somnífero. ■

Este gesto impulsivo, este paso a la acción, suele estar precedido por numerosos síntomas precursores o de **signos más o menos explícitos**◆, a los que las personas cercanas no siempre prestan atención. Pero esa falta de mentalización del malestar o del sufrimiento del adolescente no permite que éste lo exprese. Al no poder expresar lo que le ocurre, no puede alertar a su entorno, que por otra parte no se da cuenta de su sufrimiento.

La hospitalización del adolescente después de un intento de suicidio es un momento importante. La brutalidad del acto abre un espacio para la comunicación, a veces intensa, del adolescente con sus padres y de todos ellos con los especialistas. El acto cuestiona a toda la familia, pero las preguntas pueden silenciarse rápidamente en cuanto el adolescente vuelve a estar en pie. Para las personas que rodean al adolescente, no se trata de quitar importancia a lo que ha ocurrido ni de dramatizarlo. Es importante vigilar a ese adolescente, porque desde ese momento forma parte de una **«población de riesgo»**◆.

◆ Ejemplos de signos explícitos: bajo juramento de secreto, un adolescente informa a un amigo que quiere (o va a) suicidarse. O bien le ofrece un objeto muy querido diciéndole: «Allí donde voy no lo necesitaré.»

◆ Población de riesgo: hay más intentos de suicidio entre los adolescentes que entre el resto de la población.

Evaluar los efectos de un traumatismo

De la misma manera en que resulta difícil identificar el malestar de un adolescente cuando ni él mismo lo percibe, también lo es evaluar los efectos psíquicos de una situación traumatizante. Es posible que no se vean en seguida, en particular cuando se esconden detrás de actitudes de arrogancia o denegación.

EJEMPLOS: ESCONDER EL PROBLEMA

Durante un campamento juvenil de verano, **cuatro adolescentes**, que son muy agresivos con sus compañeros, sufren violencia física por jóvenes externos a su movimiento. Se refugian en la policía local, que alerta a los responsables del campamento. A su regreso se comportan como siempre con sus compañeros y parece que lo ocurrido no les ha afectado.

Una **joven** de 16 años se queja una noche de fuertes dolores en la barriga. Su madre llama al médico, que constata, en cuanto llega, que está a punto de dar a luz. No había podido hablar del embarazo con su compañero ni con sus padres. «Me lo parecía —dirá la adolescente más tarde—, pero no quería verlo.» ■

A veces es necesario que el adolescente esté en su entorno natural, un entorno que le ofrece seguridad, para poder expresar lo que siente y abandonar el falso aplomo que le permite poner buena cara delante de sus compañeros.

De este modo, de los cuatro adolescentes que han sido violentados por otros jóvenes, uno de ellos presentará, al menos durante los seis meses siguientes a la agresión, angustias y trastornos del sueño con pesadillas.

Algunos adolescentes no quieren ver ni saber qué les ocurre. Es el caso de la joven embarazada que, al no sentirse preparada para superar un embarazo, ha reaccionado como si no estuviera embarazada. Ha recurrido a la negación.

Este mecanismo de defensa le ha permitido anular, por arte de magia, una realidad correctamente percibida. En las chicas muy jóvenes, los embarazos pueden pasar desapercibidos a los ojos de los demás, porque se visten con ropa ancha y adelantan los hombros para que no se note su estado. Pueden llegar a negar su embarazo cuando temen actitudes de rechazo por parte de sus padres, aunque estas actitudes pueden ser puramente imaginarias y estar vinculadas a una intensa culpabilidad. De hecho, creen que «las matarán» si se enteran de que están embarazadas, aunque esos mismos padres reaccionen con normalidad, de un modo adaptado, mesurado y no muestren comportamientos hostiles, rígidos o inhibidos cuando descubren el embarazo de su hija.

HABLAR DEL PROBLEMA

La comunicación con los adolescentes que no quieren o no pueden escuchar lo que les ocurre en el plano psíquico depende, en parte, de la actitud de sus interlocutores. Si los padres y los profesores actúan como un espejo y se sorprenden o son hostiles ante las conductas exageradas o los trastornos psíquicos del adolescente, ellos también simularán que no ven o no comprenden lo que debería alertarles.

No se trata, pues, de ignorar ni de cerrar los ojos ante lo que ocurre, ni de ceder a los síntomas ni de adaptarse a ellos, y mucho menos legitimarlos, ni esperar una mejora milagrosa, ni precipitarse inmediatamente al psiquiatra o psicólogo.

En un principio, debe estar atento a las actitudes y conductas del adolescente, en alerta, aceptar ver lo que él no ve, aprender a reaccionar de un modo tranquilo y mesurado para conseguir que poco a poco tome conciencia de lo que le ocurre. Luego, si es necesario, hay que contemplar una acción específica.

La función interactiva de los trastornos psicológicos

A través de sus actitudes y conductas, los adolescentes buscan la comunicación con los demás.

Esperan que sus interlocutores reaccionen o interreaccionen de un modo apropiado, es decir que respondan con palabras a lo que ellos expresan con actos, con su cuerpo.

Los adolescentes en estado de sufrimiento psíquico también recurren a este tipo de intercambios. Pero los interlocutores no versados pueden dejarse invadir por la angustia del adolescente y reaccionar de un modo emocional en el momento en el que se debería estar tranquilo y no responder con precipitación.

Vanesa (17 años) estudia primero de bachillerato y hace varios meses que acude cada día la enfermería de su centro escolar. Llega diciendo: «No estoy bien, no puedo más... ¡me suicidaré!» Se queda hablando unas horas con la enfermera. **Fátima**, también en primero de bachillerato, tiene repetidas crisis nerviosas y pide que llamen a sus padres o a los bomberos. Sus compañeros la llevan a la enfermería de la escuela y ella exige a la enfermera que le dé calcio. Fátima presenta una conducta psicosomática repetitiva, de tipo neurótico, ante la cual sus padres y sus amigos se han acostumbrado a responder dándole calcio. Así responden en el mismo registro que espera la joven. Este acto permite que Fátima no sólo desahogue la angustia sino que le proporciona un significado somático a un trastorno psíquico. ∎

CONSEJOS

CÓMO REACCIONAR ANTE LOS TRASTORNOS DEL ADOLESCENTE

1. Informe al adolescente

Sería positivo que el adolescente supiera que está atravesando o atravesará un período (particular y normal) de turbulencias cuyos efectos internos pueden sorprenderle en algunos momentos:

- Anímele a prestar un poco de atención a lo que le está pasando, sin alarmarle ni dramatizar, intentando que exprese con palabras lo que siente.
- Propóngale que busque un interlocutor privilegiado en su círculo con quien comunicarse si lo necesita.
- Proporciónele direcciones o números de teléfono[1] para pedir consejo o ayuda si necesita cuestionarse algo, experimenta dificultades psíquicas, malestar, inquietudes, etc.

2. Infórmese usted mismo

Sobre los diferentes modos (verbales y no verbales) que tienen los adolescentes de expresar o no expresar su angustia, depresión, invasión pulsional, fobia, obsesiones, emociones, inquietudes, etc.

3. Acompañe al adolescente

En este punto es importante no hacer el trabajo de darse cuenta o expresar lo que ocurre en lugar del joven:

- Observe regularmente al adolescente y coméntele, de vez en cuando, las observaciones que ha recogido sobre su estado psicológico, sin precipitarse ni preocuparlo, escogiendo el momento adecuado y poniendo especial atención en el modo de decírselo.
- Formule las observaciones en forma interrogativa: «¿Quizá estás...?»

De este modo, le está preguntando sobre sí mismo. Antes de empezar, explíquele que lo hace para que se cuestione y encuentre las respuestas por sí mismo, que no debe sentirse obligado a responderle.

4. Si supone que el adolescente que ha observado podría presentar signos de un sufrimiento psíquico, y si está confundido, no reaccione inmediatamente delante de él:

- Hable de ello primero con un especialista: médico de familia, médico de la escuela, enfermera, o participe en un grupo de apoyo. También puede ponerse en contacto con una **institución educativa.** Este intercambio le permitirá tomar un poco de distancia para actuar con claridad y sin precipitación.
- Si está deprimido, nervioso o bloqueado por las dificultades psicológicas que presenta el adolescente en ese momento, también puede usted hablar con un psiquiatra o psicólogo.

Por ejemplo, la escuela de padres de las asociaciones de padres y madres de alumnos, escucha, informa y aconseja a los padres por teléfono o en el marco de consultas generalistas o especializadas (las informaciones prácticas están en la última parte de este capítulo, «¿Cómo actuar?»).

1. Infórmese en la última parte de este capítulo, «¿Cómo actuar?»

Si en este tipo de comunicación los interlocutores entienden de manera inmediata y literal la demanda o la angustia de la adolescente, la situación no mejorará.

Más bien al contrario, esta comunicación reafirma al adolescente en su síntoma. La enfermera del centro escolar, que tiene experiencia, no responde a la demanda de Fátima. Se contenta con tranquilizarla, masajeando sus manos; por ejemplo: retrasa la llamada a sus padres. Le explica el síntoma y consuela a la joven. Controla la angustia vehiculada por los compañeros de Fátima, que están enojados porque la enfermera no le da la medicación. En realidad, expresan, en lugar de la joven enferma, uno de los sentidos de esta conducta psicopatológica a través de una frase formulada con mucha agresividad: «¡Déle algo, no la deje morir!»

Del mismo modo que la crisis nerviosa de Fátima es una manera de expresar (entre otros significados) un exceso de angustia, la amenaza de suicidio de Vanesa es una manera de comunicar su intolerancia a la invasión psíquica de la que es objeto, una especie de llamamiento a la ayuda de la enfermera del centro escolar, que responde con una atención tranquila y con el tiempo diario de recibir a Vanesa que, de este modo, no cometerá ningún intento de suicidio.

No obstante, los síntomas psicológicos de algunos adolescentes no son testimonio exclusivamente de las dificultades psíquicas del momento. Los síntomas tienen que ver con la comunicación interactiva de la familia, porque tienen como función interpelar a los padres, indicarles que algo no funciona en la dinámica familiar y empujarlos a ponerse, también ellos, a trabajar.

El rechazo escolar de Juan ha movilizado a su familia, en la que la comunicación se había bloqueado después de haber vivido un conflicto grave. De este modo, ha permitido que los padres encuentren un lugar para la conversación, en el que intentar dilucidar sus conflictos y el problema básico, sin duda, de la ruptura de la comunicación.

Juan quizá piensa quedarse en casa, negándose a ir al centro escolar, hasta que la comunicación circule de nuevo de un modo fluido entre los miembros de la familia.

El caso concreto de los malos tratos físicos o sexuales

Los adolescentes que han sufrido este tipo de violencia manifiestan capacidades de comunicación variables según sus interlocutores.

Esther (16 años) ha sufrido un aborto después de una violación cometida por el compañero de su madre. Su historia se ha revelado de forma brutal. Ante los adultos de su alrededor, incluido el personal especializado, Esther se niega a realizar una terapia de apoyo y a consultar con un terapeuta. Dice: «¡Todo va bien! Es mi vida privada. No necesito nada.»

María ha esperado a ser mayor de edad para denunciar a su padre, que la violó desde los 9 hasta los 14 años, edad en la que pudo rechazarlo. María no lo denunció entonces porque temía las reacciones de la familia, dado que su madre no la creyó en su momento.

En el marco de una denuncia por violación a su padrastro, **Leonor** responde a las preguntas del oficial de la sección de menores con indiferencia, como si todo esto no fuera con ella. ■

Cuando el adolescente que ha sido víctima de violencia sexual llega a la sección de menores de la Policía, se le pide que describa los hechos para proceder a la instrucción del informe. Si los policías se toman un tiempo para escuchar al joven, si toleran sus actitudes (que pueden parecer sorprendentes en el caso de Leonor), a veces frías o indiferentes, si aceptan que el adolescente exprese sus emociones a lo largo de las respuestas, la comunicación entre el adolescente y sus interlocutores será más fácil. Entonces, el adolescente se desahoga, hace preguntas también, sonríe, y a veces es amable con los policías. Es un momento importante durante el cual el adolescente explica lo que le ha pasado y responde a preguntas concretas. El adolescente habla, sin duda porque su palabra será «actuada», escrita, y sostendrá una acción jurídica.

Pero, en general, estos adolescentes, como Esther, confían poco y hablan sin espontaneidad de sus experiencias dolorosas, incluso en los tratamientos psicológicos. Durante las entrevistas, a las que acude voluntariamente, el adolescente manifiesta una cierta dificultad para hablar. A veces, la inhibición es tal que le es imposible explicar con palabras su experiencia traumatizante. Huye de la palabra para huir del sufrimiento, puesto que las heridas psíquicas siguen abiertas, normalmente mucho tiempo después de los hechos. Para intentar que nazca la palabra, los especialistas proponen al adolescente otros medios para simbolizar, poco a poco, los actos de los que ha sido víctima. Se basan concretamente en herramientas pedagógicas o lúdicas (libros, poemas, juegos, marionetas...).

CONDUCTAS NORMALES Y CONDUCTAS PATOLÓGICAS

Las conductas exageradas de los adolescentes no siempre se inscriben en un proceso psicopatológico que necesita un tratamiento específico. Para entrar en el campo de la patología, estas conductas deben ser evaluadas en función de cierto número de criterios que, sumándose unos

CÓMO UTILIZAR LOS CRITERIOS

1. Observe al adolescente e identifique las **conductas** que a usted le parecen exageradas:
* Compruebe si otras personas (familia no cercana, amigos, entorno escolar, etc.) se han fijado en esas conductas.
* Tenga en cuenta la intolerancia de las personas externas a la familia ante tales conductas.

2. Observe cada conducta en función de los cinco primeros criterios descritos en la tabla de la pág. 155:
* ¿Se produce con frecuencia esta conducta? ¿Hace más de dos meses que empezó? ¿El adolescente sufre psíquicamente de manera considerable? ¿La conducta se ha extendido a varios **sectores**? ¿El adolescente no es capaz de adaptarse a determinadas situaciones?
* Evalúe la molestia que esta conducta puede suscitar en el adolescente a lo largo del día.

3. Observe su propia tolerancia o intolerancia ante esa o esas conductas. Compare su actitud con la de las personas a las que ha interrogado durante la primera fase (ver 1.).

4. Si la tolerancia ante esa o esas conductas predomina o si usted tolera una conducta que los demás no toleran:
* Infórmese sobre esas conductas preguntando a personas experimentadas o consultando libros especializados.
* Hable de ello en la primera ocasión que se le ofrezca con su médico, pediatra del adolescente, un miembro del personal de salud escolar, etc., para evaluar con más precisión la o las conductas identificadas.

5. Si la comunicación con el adolescente todavía es posible y si usted no está demasiado angustiado por lo que acaba de descubrir, puede tratar la cuestión con el joven eligiendo el momento adecuado:
* Para evaluar su grado de sufrimiento y la toma de conciencia.
* Para sensibilizarlo, motivarlo, prepararlo para el tratamiento: pedir la opinión de un especialista, aceptar su diagnóstico y participar en el proyecto terapéutico.

Las condiciones óptimas de estos momentos están en el cuadro de las págs. 150-151.

Estas **conductas** pueden ser, por ejemplo, conductas centradas en el cuerpo: perturbaciones ponderales (obesidad o pérdida de peso importante); perturbaciones de los hábitos alimentarios (regímenes varios y fantasiosos); crisis de angustia. También pueden ser temores centrados en el cuerpo: quejas diversas, dismorfofobias, crisis nerviosas, inquietudes; ideas obsesivas; inhibición intelectual o relacional (timidez); conductas activas (huida, violencia, agresividad contra las personas o contra uno mismo); miedos diversos; conductas depresivas; conductas de adicciones (absorción de tóxicos); impresión de rareza o extrañamiento en relación con el cuerpo.
Sector familiar: padres y familia en general. Sector escolar: relaciones con los demás y con los profesores, actividades escolares. Sector extraescolar. Sector relacional: relaciones con los amigos.

Criterios que permiten distinguir las conductas normales de las conductas patológicas

Criterios	Conductas normales	Conductas patológicas
Frecuencia	La conducta exagerada normal es pasajera. Aparece intermitentemente.	La conducta patológica aparece con frecuencia. Se arraiga. Puede haber aparecido anteriormente[1].
Tiempo		La conducta patológica dura, de un modo evidente, desde hace más de 2 a 6 meses.
Intensidad	El malestar y las emociones que provoca una conducta exagerada son insoportables.	El sufrimiento psíquico del adolescente es intenso. Está sumergido en su malestar. Sufre su situación sin poder hablar de ello.
Evolución de la conducta	La conducta exagerada se limita a un sector concreto[2]. Luego desaparece.	La conducta patológica se extiende y afecta a otras conductas[3]. Aparecen nuevas conductas patológicas, a veces incomprensibles para su entorno[4].
Repercusión	Las capacidades de adaptación intelectual, social o afectiva del adolescente no se modifican.	El adolescente presenta dificultades de adaptación a las situaciones de la vida cotidiana. Le cuesta asimilar las nuevas informaciones que recibe. Su evolución psicológica está perturbada.
Causas		Se identifican acontecimientos intensos[5], ocurridos antes de la aparición de la conducta, o acontecimientos de la historia parental[6] en los adolescentes que presentan conductas psicopatológicas.
Comunicación con los demás		La dinámica familiar está bloqueada. No hay comunicación espontánea entre los miembros del grupo.

1. El adolescente que presenta accesos de angustia, múltiples y repentinos, puede haber vivido algunos episodios similares durante su infancia.
2. Un adolescente presenta, por ejemplo, una conducta agresiva sólo con su madre. Con las demás personas mantiene relaciones no conflictivas.
3. Otro adolescente, inicialmente agresivo con su madre, también se ha vuelto agresivo con sus profesores, y luego con sus abuelos. En consecuencia, el resultado escolar ha empeorado.
4. Suelen ser síntomas que protegen al adolescente de su sufrimiento y malestar: extravagancias, rituales, miedos diversos, dudas perpetuas, temor a enfermedades, depresión, paso a la acción.
5. Se trata de acontecimientos familiares o sociales como una mudanza o un accidente, un fallecimiento, que un familiar cercano o un padre se quede desempleado, etc.
6. Los padres pueden haber pasado, en el momento del nacimiento de su hijo o durante su adolescencia, problemas psíquicos, relacionados con acontecimientos intensos, que han dejado heridas sin cicatrizar.

con otros, pueden permitir distinguir las conductas patológicas de las normales, aunque la frontera entre ambas sea borrosa.

El adolescente que presenta de un modo evidente conductas psicopatológicas suele carecer de flexibilidad y movilidad psíquica. El Yo utiliza sus capacidades y su energía masivamente para protegerse de las excitaciones, información externa o interna, etc., que recibe. Por ello tiene muy pocos recursos para adaptarse de un modo adecuado a los cambios internos, a las personas y a nuevas situaciones. Pero este adolescente, incapaz de adaptarse a los demás, puede obligar a su entorno a adaptarse a él.

Por ello, es útil intentar identificar precozmente la presencia de elementos que pueden dificultar su adaptación basándose en una multiplicidad de criterios.

¿CUÁNDO ES NECESARIO ACUDIR A UN ESPECIALISTA?

Aunque no parece necesario alarmarse cuando un adolescente actúa de modo exagerado, no ocurre lo mismo si esta conducta se inscribe en el registro patológico, es decir, si responde a varios criterios al mismo tiempo. Para evitar que el adolescente se encierre progresivamente en conductas patológicas, es conveniente actuar en un plazo de 2 a 6 meses. Para el adolescente y para los padres se trata de aceptar que es necesario acudir a un psiquiatra o psicólogo.

Sobre la anorexia y la bulimia

Es muy difícil identificar la dimensión psicopatológica presente al comienzo de los trastornos alimentarios, pues los adolescentes, al enfrentarse a empujes pulsionales intensos, arriesgan, para protegerse, a regresar a un nivel de pulsión oral y desean comer constantemente de un modo especialmente fantasioso.

EJEMPLO: IDENTIFICAR LA ENFERMEDAD

Sofía (15 años) come cuando tiene hambre, es decir a cualquier hora del día o de la noche. De momento, consume exclusivamente algunos productos. Ahora le han tocado a los lácteos y antes a las féculas. Cuando cree que ha comido demasiado, se priva bruscamente de cualquier tipo de comida el máximo tiempo posible. Después acaba estallando bruscamente y devora, en muy poco tiempo, cantidades desmesuradas de comida. ∎

CUANDO LAS CONDUCTAS ALIMENTARIAS SE VUELVEN PATOLÓGICAS

Las siguientes conductas se añaden a los trastornos alimentarios precedentes.

- Las opciones alimentarias se justifican con argumentos sorprendentes, ilógicos, raros. Por ejemplo, se rechazan algunos alimentos con repugnancia porque se consideran peligrosos o envenenados.
  Estos argumentos no ceden a los discursos científicos o de la razón.
- El régimen alimentario, que se inició para perder unos kilos, continúa más allá de lo necesario.
- El adolescente se aísla para comer, tirar o esconder la comida.

La conducta alimentaria de Sofía tiene la particularidad de cambiar constantemente. La joven, que parece que experimenta todas las posibilidades alimentarias, todavía no se ha fijado hábitos concretos. El trastorno alimentario de Sofía no se inscribe, de momento, en el registro patológico. Aunque podría llegar a ser preocupante si se fijara con el tiempo.

La futura anoréxica empieza un régimen para perder algunos kilos porque no se gusta como es y atribuye ese sentimiento a su peso. Pero el discurso de la adolescente sobre su imagen esconde un conflicto psíquico interno que expresa su rechazo a la evolución del cuerpo y a la aparición de las pulsiones sexuales.

1. No centrarse únicamente en los trastornos alimentarios del adolescente para preservar las diferentes posibilidades de comunicación:
- De este modo los padres pueden aceptar que su hijo o hija inicie un régimen alimentario con la condición de que una tercera persona, **externa a la familia,** vigile ese régimen.
- Para conducir al joven o a la joven a aceptar un régimen bajo vigilancia es necesario que los demás miembros de la familia no sigan regímenes sin el control de un especialista.

2. Si el joven o la joven realiza un régimen bajo el control de una tercera persona, los padres pueden liberarse de la vigilancia alimentaria cotidiana y:
- No inmiscuirse en la relación entre su hijo y el dietista.
- Informarse del peso exacto con el que su hijo debe finalizar el régimen.
- Apoyar los consejos que da el especialista.
- Animar a su hijo a acudir a sus citas.

3. Cuando el joven o la joven continúa el régimen más allá del peso fijado, cuando argumenta de un modo extraño sus rechazos y sus opciones alimentarias, los padres y los miembros del entorno deben:
- Hablar con él o con ella para explicarle lo que puede sucederle, es decir una posible anorexia nerviosa.
- Informarle de que tendrán que llevarlo a un especialista.
- Pedir cita sin tardanza. En algunas consultas para adolescentes (en centros médicos o psicológicos) se encargan específicamente de los adolescentes que presentan trastornos alimentarios.

4. Actuar sin esperar a que la **anorexia** arraigue:
- La evolución de los trastornos alimentarios depende de la rapidez de intervención.
- Para preservar una cierta calidad de comunicación con su hijo y favorecer la relación y el diálogo con el equipo de tratamiento.

Si tiene la sospecha de que su hijo adolescente puede padecer un trastorno del comportamiento alimentario lo mejor que puede hacer es transmitirle la duda a su médico de cabecera o pediatra. También puede buscar ayuda en internet.
En los tipos más graves de **anorexia,** la supervivencia está en juego y en un primer momento es necesaria la reanimación. La hospitalización y el aislamiento forman parte de un proyecto terapéutico integrado por varias modalidades: psicoterapia para el adolescente, grupo de apoyo para los padres, contrato entre los médicos y el joven o la joven, asistencia nutricional, así como tratamiento antidepresivo si es necesario.

Los padres de **Sandra** «lo probaron todo» para intentar que desistiera de su régimen alimentario cuando se dieron cuenta de que adelgazaba demasiado. Tenían la sensación de haber gastado una energía considerable en ruegos, amenazas, seducción, chantaje, consejos, etc. Acabaron adoptando una actitud de indiferencia y «la dejaron hacer lo que quisiera» porque la comunicación con ella se volvió muy conflictiva. ■

La joven suele empezar el régimen imitando a su madre, que también se acaba de poner a dieta. Cuando sigue perdiendo peso más allá de lo deseable, la comunicación con sus padres adopta formas diversas, inadecuadas y conflictivas, que no modifican en nada su trastorno alimentario.

Sobre las conductas depresivas

No existen adolescentes sin secuencias depresivas. Mientras las secuencias alternen con momentos en que el adolescente está tranquilo, contento de sí mismo, esta conducta exagerada no necesita ponerse en posición de alerta.

Para identificar un episodio depresivo a esta edad hay que tener en cuenta la presencia de al menos cuatro criterios: frecuencia, tiempo, intensidad y evolución del síntoma.

Hace más de 15 días que **Isabel** tiene constantemente ideas negativas sobre sí misma. Se culpabiliza a menudo de lo que no ha hecho o de lo que debería haber hecho, o no está de acuerdo con lo que debería estarlo. Ha hablado varias veces de la muerte con su hermana mayor, una muerte que la liberaría de su sufrimiento actual. Isabel está triste y muy cansada. Duerme mal, se acuesta muy tarde por la noche y se despierta antes de que salga el sol. No tiene hambre y no experimenta ningún placer comiendo. Sería deseable, teniendo en cuenta el sufrimiento persistente de su hija, que los padres de Isabel la llevaran a un especialista para saber su opinión sobre la presencia de un posible episodio depresivo. ■

La reducción de velocidad física y psíquica, el sufrimiento moral intenso y la pérdida de interés caracterizan la depresión. Otros síntomas no específicos que pueden añadirse a este cuadro son, especialmente, la agitación, la hiperactividad, los enojos repentinos sin motivo, las huidas y los intentos de suicidio. A menudo estos síntomas se producen como reacción a situaciones o acontecimientos que pueden pasar desapercibidos. Por ello es importante que los padres y el entorno del adolescente estén alerta para escuchar los problemas del joven y apoyarlo (ruptura amorosa, dificultad escolar, relaciones familiares conflictivas, etc.).

El necesario acompañamiento del adolescente no excluye la consulta a un especialista, pues las conductas depresivas no «se pasan solas con el tiempo». Al contrario, los síntomas depresivos acaban alterando la capacidad de comunicación del adolescente con su entorno, así como la de expresar su sufrimiento.

El tratamiento medicamentoso puede ser necesario para ayudar momentáneamente a restablecer el diálogo con los demás e iniciar una **terapia relacional**♦. Pero también puede ser necesario actuar en el entorno del adolescente si él se queja. Un cambio de centro escolar o de vivienda, o una hospitalización, pueden contribuir a la mejora del estado psíquico del adolescente.

♦ *Terapia relacional: puede tratarse de consultas, de psicoterapia corta o larga, de psicoanálisis, de psicodrama analítico, etc.*

Sobre la toxicomanía

El consumo de productos tóxicos se sitúa en el centro de la paradoja. El adolescente reivindica su independencia, pero es incapaz de separarse psíquicamente de sus padres, desplaza esta posición de dependencia hacia un producto. A través de ese producto se siente autónomo en relación con su familia. El adolescente que recurre a los productos tóxicos que tienen efecto sobre el psiquismo los utiliza como «medicamentos» que él mismo se prescribe sin control médico para protegerse de

las excitaciones internas y externas que no puede controlar por sí mismo. El producto accede a un estatus de omnipotencia. Lo protege y lo comprende igual que sus padres lo protegían y lo comprendían cuando era pequeño.

Aunque el verdadero toxicómano centre su vida en la búsqueda exclusiva del producto cuya utilización y efecto se convierten en un «fin en sí mismo», los interlocutores deben centrarse en los significados de este comportamiento y especialmente en la cuestión paradójica de la dependencia-independencia.

Es absolutamente necesario identificar rápidamente el carácter patológico de la conducta. Pues aunque la toxicomanía **empieza en la adolescencia**◆, todos los consumidores ocasionales no serán futuros toxicómanos. Los criterios de apreciación también dependen del tipo de consumo, la evolución y la consecuencia de la conducta en la vida del adolescente. Cabe añadir a estos criterios la intensidad del consumo de otros productos tóxicos, como tabaco y alcohol.

◆ *Nunca antes de los 16-17 años para las drogas duras, utilizadas por una pequeña minoría de jóvenes.*

EJEMPLOS: DEL CONSUMO OCASIONAL AL TOXICÓMANO

Para **María José**, «fumarse un cigarro de marihuana» forma parte de las experiencias que es necesario tener para conocer el máximo de cosas posibles. Sólo fuma durante las vacaciones para darse placer, y con algunos amigos.

Bernardo ha descubierto la marihuana por casualidad con un amigo y ha comprobado que lo relaja. Ahora fuma regularmente, solo y en su habitación. Sólo así se siente bien, le ayuda a dormirse y duerme generalmente bien, aunque a veces tiene pesadillas. Bernardo acaba de repetir segundo de bachillerato.

Teo (20 años) ha dejado definitivamente los estudios. Ha perdido completamente el contacto con sus amigos y ahora sólo se relaciona con jóvenes que, como él, consumen productos tóxicos casi a diario. ■

Para determinar los diferentes tipos de consumo, es importante conocer tanto los productos utilizados por los jóvenes como las **condiciones de consumo**◆. La regularidad y la necesidad del producto son elementos que es necesario tener en cuenta. María José es una usuaria ocasional que consume de manera festiva, mientras que Teo ya es un toxicómano. Bernardo presenta factores de riesgo y debería consultar sin más tardar a su médico.

◆ *Las direcciones de centros de tratamiento especializados pueden obtenerse en Internet.*

Cuando la familia y el entorno del adolescente constata o es informado de cierto consumo de productos que afectan al psiquismo, conviene, antes de alarmarse, **informarse**◆. Leer artículos especializados y hablar con personas cualificadas permitirá a los padres observar mejor al adolescente para adoptar conductas adaptadas a su situación, ya que cada adolescente que presenta conductas toxicómanas es un caso particular. Sería deseable que los padres pudieran buscar, a lo largo de ese proceso de evaluación, las posibles conductas toxicomaníacas de su hijo o hija, así como en el momento de motivarlo para que inicie un tratamiento, la ayuda de su médico habitual, de un grupo de padres o de un número de teléfono gratuito. Para los padres y su entorno, se trata de un período difícil, más o menos largo, durante el cual pueden sentirse desarmados. Los padres no siempre tienen la capacidad y la energía suficientes para luchar contra el producto, verdadero «cuerpo extraño» que habita en el cuerpo de su hijo o hija.

La psicosis se caracteriza por una gran dificultad para vivir como propia la identidad, el cuerpo sexuado o la relación con los demás, así como para controlar la angustia y las excitaciones internas y externas. El adolescente psicótico puede oscilar bruscamente de la exaltación a la depresión, multiplicar las crisis nerviosas, ser muy agresivo o insolente sin motivo aparente. Parece que no está y se aísla mucho tiempo en sí mismo. Sus reacciones son raras, infantiles, inexplicables, extrañas. Tiene ideas sin sentido. Adopta identidades imaginarias, creyéndose una vedette, por ejemplo. No comprende sus modificaciones corporales.

Sobre una evolución psicótica

Si existe alguna patología en la que no corre prisa establecer un diagnóstico, es la **psicosis**♦. Por una parte, ninguna conducta exagerada tomada aisladamente caracteriza un estado psicótico. Por otra parte, pocas esquizofrenias empiezan antes de los 16 años. Suelen empezar entre los 18 y 20 años.

También es posible que un adolescente parezca psicótico sin que desarrolle los síntomas característicos. Un psiquiatra explica que recibió en su consulta a un joven que hacía dibujos desestructurados, a trozos, característicos de la psicosis, pero que nunca ha llegado a ser psicótico. Las manifestaciones pueden aparecer de un modo insidioso o espectacular. En algunos meses, aparece el conjunto de síntomas que permite establecer un diagnóstico concreto después de 6 meses de trastornos evidentes. Pero estas conductas no son irreversibles, pues un adolescente puede recuperarse de un acceso delirante.

EJEMPLOS: MANIFESTACIONES PSICÓTICAS

Félix (17 años) «ha explotado» en clase de primero de bachillerato. Es un buen alumno que, de repente, ha sido invadido por angustias exageradas.

Ha destruido todos sus deberes a pesar del enorme trabajo que le habían costado. En seguida ha sido presa del pánico y se ha puesto a vomitar en clase después de una pregunta. Cuando ha empezado a tener visiones, lo han hospitalizado. Su recorrido escolar ha sido interrumpido definitivamente.

Juan es un joven muy bien adaptado socialmente. Después —y sin duda durante— de una huida, ha realizado una entrada brutal en la psicosis. Cuando lo encuentran los policías, es incapaz de decir qué acaba de ocurrir.

Martina no comprende lo que le ocurre. Antes era una buena estudiante, pero ahora, en algunos momentos, no comprende lo que está leyendo. Las palabras pierden todo su significado de repente. Tiene mucho miedo de que este síntoma sea duradero. ■

La percepción precoz de este tipo de dificultad psicológica depende de la capacidad para expresar las emociones, sentimientos y reacciones en el entorno de la familia y la tolerancia familiar ante los comportamientos exagerados. Una distancia demasiado grande entre los padres y el adolescente, o poco interés familiar por las manifestaciones psicológicas, atrasará el momento de la toma de conciencia necesaria para que el adolescente y sus padres se pongan en situación de alerta, actúen psíquicamente y vayan al psiquiatra.

Los trastornos psicóticos necesitan realmente un tratamiento específico que puede iniciarse durante una hospitalización.

¿QUÉ HACER?

No siempre es suficiente identificar las conductas psicopatológicas de un adolescente que impiden su evolución psicológica para que el joven y sus padres inicien rápidamente un tratamiento. Se trata del final de una reacción en cadena, que es posible gracias a una *movilización psíquica*. La movilización permite, al adolescente y a su familia, tomar conciencia de la dificultad psicológica, del sufrimiento y de la molestia que ocasionan y reconocer que el joven no podrá salir él solo de esa o esas conductas. La toma de conciencia empieza con una «demanda», un verdadero deseo de cuidarse, es decir, de que desaparezcan las conductas psicopatológicas, no a través del simple deseo de querer curar, sino con las terapias apropiadas, cuyos efectos no son inmediatos.

Algunos adolescentes y sus familias actúan en seguida, pero otros no están preparados para reconocer y aceptar la patología del joven. El entorno familiar, los diferentes interlocutores del joven y de su familia tendrán como tarea principal, a través de un diálogo paciente, renovado a menudo, llevar al adolescente y sus padres a solicitar la opinión de un especialista, y luego a aceptar su diagnóstico y el proyecto terapéutico que propone para finalmente empezar la terapia. Entre la primera consulta y el inicio real del tratamiento psicológico pueden pasar varios meses.

Acudir a especialistas en terapia familiar

Cuando la comunicación en el interior de la familia permite que el adolescente se exprese y haga oír sus dificultades, cuando los padres tienen la costumbre de curar a sus hijos que están enfermos físicamente, unos y otros se muestran vigilantes sobre los problemas (somáticos o psicológicos) que dificultan el desarrollo del joven. Entonces pueden actuar bien por ellos mismos, bien a partir de la información que proporciona una tercera persona. Rápidamente, el adolescente apoyado o acompañado por sus padres se dirige al médico de familia o al personal de salud escolar para hablar de lo que le preocupa y luego inicia los tratamientos necesarios en las consultas especializadas.

EJEMPLO: CONTAR CON EL APOYO DE LOS PADRES

El tutor de **Pablo** ha constatado una modificación de los comportamientos del joven en clase: se encierra en sí mismo, no participa, tiene la mirada huidiza, su rendimiento ha disminuido. Pide una cita con sus padres, que también se han dado cuenta de que Pablo tiene nuevas actitudes y conductas. La entrevista les permite compartir sus dificultades. Los padres de Pablo reconocen que no puede, por el momento, abandonar por sí mismo esas actitudes y conductas que perturban su vida cotidiana. El profesor les comunica los datos del centro médico psicológico con el que trabaja el centro escolar y al que ya han enviado a algunos jóvenes que sufrían psíquicamente.

Juntos, han buscado las direcciones necesarias, han escogido el lugar de consulta y han acordado que Pablo, de 16 años, pedirá la cita él mismo. ■

Los jóvenes que se presentan a las consultas médico-psicológicas suelen ser enviados por personal de los centros escolares, que demuestran de este modo al joven y a su familia que las dificultades del adolescente pueden explicarse, escucharse y curarse en el lugar adecuado. Es posible que el adolescente a quien se ha dado este consejo se presente en el centro con uno de sus amigos. Uno lleva al otro. Cuando los centros psicológicos ofrecen atención permanente, los adolescentes son recibidos inmediatamente. De este modo pueden ver el lugar, hacerse una idea de lo que se hace en él, preguntar a las personas que se encuentran allí, hablar de la patología del amigo. Van a poner a prueba la institución y las personas, pero también a darse cuenta de que «no es tan peligroso como ellos creían hablar de sí mismos».

Las consultas privadas también pueden ser lugares que los adolescentes buscan por sí mismos, a veces en contra de la opinión de sus padres. Los jóvenes definen de este modo los espacios psíquicos autónomos, en los que los padres sólo pueden entrar con autorización explícita.

Después de las primeras entrevistas, en el marco de una de estas consultas, se propone un tratamiento específico al adolescente y a su familia. Puede ser individual de tipo psicoterapéutico, por ejemplo, o afectar a toda la familia, como una terapia familiar.

Por su parte, los padres también consultarán al psicólogo o psiquiatra sin su hijo o hija, para hablar del adolescente cuyas actitudes le preocupan. Algunas veces lo hacen para evaluar ellos mismos al especialista antes de enviarle a su hijo o hija. En casa suele haber a menudo algo capaz de modificar la relación y comunicación con el hijo adolescente, sin que éste tenga que acudir personalmente al especialista. Estos padres, al hablar de su propia adolescencia, reviven recuerdos que relacionan con lo que el adolescente está experimentando en ese momento. En ocasiones, la simple toma de conciencia libera las situaciones bloqueadas o muy conflictivas.

Promover la terapia psíquica

Los consejos del personal educativo o sanitario no siempre surten efecto. Los adolescentes que sufren psíquicamente y sus padres no siempre están dispuestos a iniciar tratamientos cuando se les indica las dificultades psíquicas del joven. A veces es difícil para un adolescente (o para sus padres) aceptar la idea de no poder hacer desaparecer, por sí mismo, los síntomas que le molestan.

EJEMPLO: DIFICULTAD PARA ACEPTAR LA EXISTENCIA DE TRASTORNOS

Fernando ha cambiado de centro escolar. El curso empezó hace un mes.

El joven, que vive con su madre —sus padres se separaron hace mucho tiempo—, se niega, 15 días después de empezar el curso, a asistir a clase. No soporta que «la gente de la calle lo observe y escuchar las cosas desagradables que dicen de él». La madre se comunica muy poco con este chico fornido, que le pega de vez en cuando. El entorno familiar, alterado, ha aconsejado varias veces al joven que consulte a un médico para comentarle sus dificultades, pero Fernando se niega porque, según él, «¡todo va bien!» ■

A veces es necesario un trabajo concienzudo con el adolescente o con sus padres para movilizar las fuerzas activas que, sustituyendo momentáneamente sus resistencias, les permitirán aceptar una primera cita con un especialista.

Las personas que rodean al adolescente y sus padres también pueden apoyar este intento de movilización inventando, si es necesario, estrategias de comunicación. Éste fue el caso de Fernando. Los miembros de su familia se movilizaron para intentar movilizarlo a él. Con el objetivo de acudir a un psiquiatra, una prima de Fernando (que estudia enfermería) se propuso acercarse a él, establecer con él una relación amistosa, organizar salidas relacionadas con sus intereses, para intentar comunicarse con él no sólo sobre lo que le gusta sino también sobre lo que le hace sufrir.

¿CÓMO ACTUAR?

Cuando el adolescente o su familia se cuestionan sobre el estado del joven, sus relaciones con los demás, su adaptación familiar o escolar, es importante pedir consejo al médico o al psicólogo habitual, al personal de orientación del centro escolar o a los profesores del joven.

Si el adolescente tiene dificultades específicas o generales, sus profesores pueden informarle, ayudarle a evaluar, orientarle, o posiblemente buscar una formación o un empleo de carácter específico para el joven.

Si los padres desean que su hijo adolescente sea ayudado en el ámbito metodológico, para organizar mejor el trabajo o para superar dificultades escolares, pueden dirigirse a un pedagogo.

Cuando las dificultades psicológicas y escolares son evidentes y dificultan la evolución psíquica del adolescente, sería positivo que el adolescente y los padres solicitaran la opinión de un especialista. Pueden consultar, según su preferencia, en el sector público o privado.

Siempre será mejor prevenir que reaccionar en el momento. Le recomendamos investigar los datos de las instituciones o servicios que se ofrecen en su comunidad para tenerlos siempre a la mano.

Utilice las páginas siguientes para crear su propio directorio.

DIRECTORIO

Institución

Teléfono

Domicilio

Contacto

Correo electrónico o página web

Comentarios

Institución

Teléfono

Domicilio

Contacto

Correo electrónico o página web

Comentarios

Institución

Teléfono

Domicilio

Contacto

Correo electrónico o página web

Comentarios

Institución _____
Teléfono _____
Domicilio _____
Contacto _____
Correo electrónico o página web _____
Comentarios _____
_____
_____

Institución _____
Teléfono _____
Domicilio _____
Contacto _____
Correo electrónico o página web _____
Comentarios _____
_____
_____

Institución _____
Teléfono _____
Domicilio _____
Contacto _____
Correo electrónico o página web _____
Comentarios _____
_____
_____

CONCLUSIÓN

Este libro proporciona pistas para permitir a quienes lo deseen, cada cual a su manera, comunicarse con el o los adolescentes cercanos. Se basa en un verdadero respeto al joven como ser humano digno de interés. Esta obra propone a los lectores construir nuevas relaciones con los adolescentes. Se trata de ofrecerles un marco educativo que podrá responsabilizarlos y acompañarlos, protegiéndolos y cuidándolos durante la adolescencia.

La relación educativa se construye y evoluciona en cada etapa de la adolescencia a través de un diálogo guiado por el adulto. Se basa en los intercambios, los buenos momentos pasados juntos, las discusiones conflictivas pero no agresivas, las actitudes benevolentes, tolerantes y atentas, la negociación, la formulación y aceptación de las exigencias y de los límites necesarios para convivir, la práctica de una autoridad aceptada y reconocida por los jóvenes, etc.

Este camino se sitúa decididamente a una buena distancia de las tendencias actuales: las tentaciones contrarias del laxismo y el autoritarismo. Se sitúa entre los discursos seductores que permiten «hacer de todo» a los adolescentes y los discursos represivos u hostiles que no les permiten la autonomía. De este modo, se opone al laxismo y a la indiferencia de los adultos que se sitúan al margen de las situaciones difíciles y de los conflictos con los adolescentes, lo que produce en los jóvenes desconcierto y sentimiento de abandono, o los empuja a cometer actos agresivos para atraer la atención de los adultos. También se opone a las conductas educativas rígidas, agresivas, autoritarias que, al imponerse por la fuerza y no discutirse nunca, los adolescentes perciben en el registro de la violencia y producen violencia a su vez.

ÍNDICE ALFABÉTICO

Se terminó de imprimir en abril del 2006 en
Litográfica Ingramex, S.A. de C.V.
Centeno 162-1. Col. Granjas Esmeralda
México D.F.